타인의 마음

認知心理學家
教你讀懂
他人的心理

認知心理學家
金景一 ╳ tvN 電視台 CJ ENM 數位知識平台
智人工作室 著

彭翊鈞 譯

愈是困難、愈能接觸到本質，發掘全新內容的智人工作室（Sapiens Studio）

二○二○年的夏天格外炎熱，那陣子我和節目監製鄭敏植（音譯）剛好結束了 tvN 電視台《近期書店：讀書給你聽》一整季的節目，正準備迎接下一個新的挑戰。當時我們的首要任務就是要跟上媒體環境變化的腳步、跳脫電視平台的框架，打造出全新的「數位內容」。

電視台想要以「人文知識類」為主題，製作出知識型內容的「數位短影音」，於是我們不斷思考：該怎麼做才能激發年輕一代 YouTube 觀眾的熱情、讓他們感興趣呢？在苦思這個看似沒辦法串連起來的大難題時，過程中金景一教授提出了一個想法，雖然精簡卻為我們帶來極大的啟發。

「還是我們試著閱讀論文呢？像現在這樣愈是困難的時候，反而愈要接觸到本質！」

一直以來，我們在製作電視平台的節目內容時，迫於現實因素都必須優先考量收視率和觀眾的接受度，儘管我們放不下對有趣題材的執著，但多數受邀上節目的重要來賓，也往往都是藝人而不是專業人士。這些狀況總是讓身為知識類

節目製作人的我感到十分可惜。然而，當時教授的那句話帶給我們一種解脫感及莫大的勇氣，讓我們製作團隊敢於數位平台上用更自由開放的態度，嘗試製作出我們喜歡的人文知識內容。

　　這份自信的背後是因為《近期書店：讀書給你聽》已經成為一個大家熟知的「讀○○給你聽」品牌，再加上有一群優秀的製作人和作家們懂得運用比其他人更簡潔又有趣的方式呈現知識性的內容，我敢說他們是我所認識最厲害的團隊，當然也絕對少不了節目監製鄭敏植，他長時間在 tvN 電視台的《明星特講 Show》、《金美京 Show》、《不知不覺變大人》[1]等節目中發掘無數專業演講者，也是為智人工作室（Sapiens Studio）掌舵的船長。

　　在大家通力合作之下，智人工作室誕生的第一個數位 IP 內容，就是「讀論文給你聽」。原本讓人覺得艱澀的學術術語和專業知識，在金景一教授清晰的解釋和觸動人心的剪輯下變得容易理解，也轉化為觀眾們可以應用在自己生活中的

1　《近期書店：讀書給你聽》（요즘 책방 : 책 읽어드립니다）、《明星特講 Show》（스타 특강쇼）、《金美京 Show》（김미경쇼）、《不知不覺變大人》（어쩌다 어른）。

智慧，我們成功找到了定位並推出頻道。

　　經過了兩年多的經營之後，智人工作室躍升成為一個擁有心理、歷史、美術、經濟、物理等二十多個「讀○○給你聽」的數位 IP 系列，以及 195 萬訂閱人數的知識平台，可以稱得上是韓國最頂尖的人文知識平台（截至二○二四年五月）。

　　為了回報眾多熱愛人文學和知識內容的訂閱者對我們的愛戴，未來智人工作室不會只是在 YouTube 頻道的平台停下腳步。智人工作室的 YouTube 頻道可以說是一個發掘新主題和演出者的實驗性研發中心，而我們會在頻道已經開發好的基礎上繼續發展，尋找最適合的內容，同時靈活運用「薩皮[2]」這個卡通角色，透過電視、OTT（over-the-top）、社群媒體等管道把領域拓展到青少年教育內容、出版等。就像頻道名稱一樣，成為一個持續開發內容和 IP 的內容工作室，在多元平台及不同領域和各位見面。

　　這個計畫的第一個階段，就是以單行本的形式出版智人

2　薩皮（사피）是智人工作室的卡通人物角色，外型是一隻戴著眼鏡的人猿。薩皮就是取 Sapiens 前兩個音節的發音為名。

工作室的獨立 IP 系列。我們的製作團隊非常榮幸能夠和金景一教授共同邁出這歷史性的第一步。

　　《認知心理學家教你讀懂他人的心理》是延續之前出版的《讀心理給你聽》和《讀搞笑諾貝爾獎給你聽》[3] 之後的第三本單行本。我們在人際關係當中或許會遇見一些很難了解他心裡在想什麼的人，像是「一有空就說別人壞話的人」、「固執己見又很難聊下去的人」、以及「對自己太過偏執的人」等等，如果你對他們的內心世界感到好奇，這本書將會為你帶來幫助。希望可以透過金景一教授從心理學角度出發的洞察力，帶領大家踏上一段尋找解決方法和智慧的愉快旅程，並且和《他人的內心》這本書一起解開過去自己和旁人難以處理的人際關係與溝通過程。

　　智人工作室的爸爸，我們親切地稱呼他為「智爸[4]」，或許有人會覺得聽起來很有趣，但這是製作團隊對金景一教

3　《讀心理給你聽》（심리 읽어드립니다）、《讀搞笑諾貝爾獎給你聽》（이그노벨상 읽어드립니다）。

4　智爸（사.버.지.），智人（사피엔스）加爸爸（아버지）的縮寫。

授的尊稱。教授和我們不僅僅只是節目來賓和製作團隊的關係，而是相當特殊的存在。從智人工作室一開始創立，便在我們成長的過程中一路陪伴我們，當我們製作團隊經歷難關和挫折的每個瞬間，教授都不吝惜地用最溫暖的建議、最溫情的支持鼓勵著我們，他是我們團隊最堅強的後盾和盟友，我們永遠尊敬他、感謝他。

同時，我們也要向智人工作室內容的幕後設計師李恩星作家、金明熙製作人、洪志海作家、金秀珍作家、金娜英作家、金度妍作家、金智英作家，還有在剪輯室裡熬過無數夜晚，默默完成所有負責的工作，也是最讓人信賴的支柱──林恩輝製作人、李書榮製作人、金太熙製作人、趙惠珍製作人、金英實製作人、徐惠仁製作人、趙美智製作人、邊相允製作人、許勝會製作人、尹佑重製作人、金裕珍製作人、黃在仁製作人、金玄善製作人（皆為音譯），致上最高的敬意以及十二萬分的感謝。

CJ ENM 智人工作室 金敏秀製作人

序文

洞察他人內心，能夠提升你、我和所有人的生存能力

　　我們在生活中會遇到各種各樣的人，有些人的言行舉止讓人完全無法理解，甚至會讓我們覺得：「他為什麼要那樣？」相反地，儘管沒有什麼特別的原因，有些人卻能夠帶給我們勇氣和活下去的力量。當我們腦中浮現「他為什麼要那樣？」的想法時，通常都是遇見了像前者描述的人。在和他們相處的過程中，我們會感到失落、不知所措，或是像被槌子或刀子攻擊一樣在痛苦中掙扎、被傷口折磨。我們可能會自責，反過來檢討自己：「問題是不是出在我身上？」或是埋怨對方，甚至想要以牙還牙。然而，這麼做幾乎沒辦法從根本上解決這些問題。為什麼呢？因為我們並不知道「原因」。而我們會不知道原因的背後理由，正是因為我們沒有學習過心理活動的運作原理。

　　讓我們做一個假設。要是我們開的車經常出現故障、老是讓人煩心的情況，應該怎麼處理？最簡單的方法是把車子賣掉。但假如我們不能賣掉，而是必須繼續開這輛車呢？那麼結論只有一個，就是仔細研究並且不斷翻閱說明書，打聽附近有沒有一家值得信賴的汽車維修廠，幫我們把車修好。

在這裡，我們提到有很多毛病卻又無法換新，只要我們活著就必須繼續開的「汽車」，實際上就是指我們自己的「內心」和「想法」。

可是無論是在學校或社會上，我們從未接觸過任何關於內心和想法的說明書。我並不是想要主張教育部應該把心理學列入國小、國中和高中的常規教育和必修課程裡，只是想要強調一個令大家感到意外的事實罷了，那就是：我們從來沒有學習過自己和他人的內心和行為的原因。這不是很可惜嗎？生活中讓我們最難熬的，往往都是人的問題和人際之間的關係，卻從來沒有人告訴我們其中的原因和解決方法。

那麼，現在就讓我們一起認真學習吧。其實就這本書寫的內容來說，我並不是以一個心理學家的角度出發，而是以一個普通人的觀點，講述我自己經歷過許多人的言行舉止之後，思考「人為什麼會如此」的結果。當然我在書中提出的說明和分析，的確是站在心理學家的觀點沒錯，不過這本書不僅僅是研究人際關係當中的問題、理解並說明他人的心理而已，更重要的是，我希望我們能共同想出一個可行的解決

方案。

　　我的專業領域是認知心理學。認知心理學並不是要改變人的內心，而是透過稍微改變某個狀況的因素、並經歷無數次的實驗，藉此獲得一個相對令人滿意的結果，這才是認知心理學的範疇。所以，每當我被問到：「認知心理學到底是什麼？」這時我都會回答：「認知心理學是一門『推力』的學問。」推力（nudge）這個英文字的意思，是指「用手肘輕推」、「提醒要人注意」。這部分被心理學家們定義為：「引導人們做出選擇的溫和干預」。事實上，在這項定義中最重要的核心就在於「溫和」。如果用反義詞來思考，像是強制、明確指示、或直截了當等方式，應該會更容易理解。我不斷思考有沒有一個「最低成本」的方法，只要悄悄地稍微改變一些環境條件，就能保護自己避免被無法理解的人傷害，甚至有機會讓他們產生變化。

　　為什麼我們要思考、理解並且學習應對社會上那些厚顏無恥、甚至是稱他們是惡人也不為過的人，這樣做的意義何在？答案很簡單，就是為了不讓自己成為那樣的人。我們會

因為這樣的人感到辛苦，而當我們也變成這樣時，同樣地，別人也會因此而痛苦。而且這樣的情況發生得愈多，我們本身的生存能力也會跟著下降。

　　儘管遇見了讓我們感到辛苦、不安的人，但我認為我們還是應該要試著理解他們，好好面對並處理那些可能也會出現在我們自己身上的問題，共同提升彼此的生存能力。因為在這個社會上，依然有非常多希望和值得追求的價值等待著我們。

二○二二年十月 於亞洲大學栗谷館

認知心理學家 金景一

目次

第
1
章

◆

那個讓我備受考驗的人，
他為什麼會這樣？

操縱者的心理

#煤氣燈效應

#誘導

#想法無力

#意志去勢

　　近來是不是經常看到或聽到「煤氣燈效應」（gaslighting）一詞呢？網路報導也可以看到新聞標題頻繁出現這個詞彙。事實上，觀察 Google 數據會發現，最近幾年來，搜尋量增加最多的關鍵字之一就是「煤氣燈效應」。

單看這個關鍵字，或許會覺得跟犯罪有關、看起來相當危險，可能也會有人認為這個詞彙跟自己距離遙遠，不過，煤氣燈效應其實常在我們身旁發生。

　　你是否曾經和某人談話完後深感無力、疲憊不堪、什麼都不想做？那麼你很有可能已經受到煤氣燈效應的影響。接著，讓我們來一一了解：我自己或是身邊的人是不是正受到煤氣燈效應的影響、這種時候該怎麼做才能從煤氣燈效應中脫身，以及更進一步剖析，企圖操縱別人的人到底有何種心理……

煤氣燈效應究竟是什麼？

　　「煤氣燈效應」一詞，源於一九三八年派崔克・漢彌爾頓（Patrick Hamilton）所著的戲劇《煤氣燈下》（Gaslight）。劇中男主角因為覬覦女主角的財產而和她結婚，婚後利用各種欺騙手段和謊言誣陷正常、健康的妻子是精神病患。像這樣，狡猾地操控別人的心理、狀態，使其懷疑自己，並藉此完美支配對方的手法，就稱為「煤氣燈效應」。

其實在心理學上並沒有正式使用煤氣燈效應這個詞彙，而是更常使用感覺相近的「誘導」（Grooming）[5] 這個詞。重點是，無論是煤氣燈效應或是誘導，基本上都會一直暗示對方：「你就是這樣的人。」當然如果暗示的內容是積極正面的，可以讓人鼓起勇氣、勇於挑戰；然而操縱者卻是利用消極負面的暗示使對方內心崩潰，以達成自己的目的。大部分操縱煤氣燈效應的人會一再反覆說出、做出讓對方感到無力的話和行動，因此，如果暗示的目的是為了讓對方感到無力，基本上就稱為煤氣燈效應。

通常會認為煤氣燈效應主要發生在男女關係中，但事實並非如此。只是男女關係之間的煤氣燈效應容易衍生為約會暴力之類的犯罪行為，相關報導也更常出現在媒體版面上，所以才會讓我們更加印象深刻。即使彼此不像戀人那樣關係親密，日常生活中也可能會發生煤氣燈效應。

5　Grooming 指深化加害，以及合理化或否認罪刑的手法，譯為誘導或誘騙。誘騙多用於兒少性侵事件，故此譯為誘導。

韓國人更容易遇到煤氣燈效應嗎?

什麼時候容易遇到煤氣燈效應呢?就是當人精神疲憊的時候。韓國社會又被稱為「疲勞社會」,人們長時間處於疲憊狀態,因此更可以輕易利用人們疲憊的心,讓人內心崩潰。

煤氣燈效應一詞,在韓國社會中如此頻繁出現、被熱烈討論,也可以反過來證明韓國既有的文化,實際上的確適合煤氣燈效應的蔓延。再加上韓國社會的階層嚴明,而愈是重視階層的社會,擁有權力或地位的人愈容易對別人施加煤氣燈效應。

提到煤氣燈效應,我們第一個會聯想到的是犯罪行為。不過如果有人在公司組織內利用階層或權威給予一些瑣碎卻持續性的暗示、讓人深感無力,這並不算是犯罪,只能說公司組織裡有人總是讓我們感到無力,覺得不舒服而已。

一般來說,我們可以看到這樣的人把自己本質上的不安、以及充斥在世界中的不安相互結合並強力啟動,進而把無力感傳染到別人身上。由於覺得自己無能為力,所以把自身的向下沉淪連結到世界或公司組織的衰退上,這就是他們通常展現出來的樣子。

舉例來說，即將退休或職業生涯走下坡的人，表面上會呈現出另一副面孔，讓人覺得自己是經驗豐富的老將、或對人很好的前輩，然後一找到空檔就對前途一片大好的後輩丟出負面訊息，說：「不用再去嘗試了，我們公司的未來顯而易見。」這樣的情況就屬於煤氣燈效應。

　　這些人最討厭的是追求某種變化、進行新的嘗試，所以他們會為了避免發生這類情況而說出消極負面的話，還會說：「我是為了你著想才這麼說」、「只有我會這樣告訴你」……而在這些用親切包裝過的言語間，煤氣燈效應便在我們意想不到時溫和地發生。

> ### 韓國社會與煤氣燈效應
>
> 　　煤氣燈效應通常不僅發生在垂直的權力關係；若一段關係裡一方的心理處於支配狀態，特別是在親密關係中試圖控制或壓迫對方的時候就會發生。也可能正因為如此，在韓國上下關係明顯的軍隊、公司等組織中，或是男性占據相對優勢的傳統夫妻關係中，經常出現煤氣燈效應。

即使遇到煤氣燈效應也難以察覺的原因

　　若我們看到煤氣燈效應的相關報導，會發現遭受到煤氣燈效應的人往往都在很長一段時間中受到傷害，自己卻沒有察覺，這並不是因為他們傻。即使遇到煤氣燈效應也很難察覺，是因為操縱煤氣燈效應的人會長時間以權威者、保護者或合作者的面孔出現。

　　在這三種角色當中，煤氣燈操縱者們最喜歡的角色就是保護者。相較於地位比我高的人（權威者）、或和我有合作關係的人（合作者），基本上很難想像被我們當成保護者的人會心懷惡意對待自己。這是因為被保護的感覺，和被壓迫、操縱的感覺完全無法聯想在一起。也因此，煤氣燈效應

也可能發生在夫妻關係之間。而在這種情況下，其中一方大多戴著保護者的面具。

　　除此之外，煤氣燈效應的加害人和被害人之間通常都擁有很多美好的記憶和回憶，煤氣燈效應操縱者會利用這段美好的記憶讓對方無法擺脫自己。記憶對於煤氣燈效應操縱者來說，是非常重要的戰略和武器。

　　人會清楚記得發生過的事，卻容易搞混時間順序。換句話說，人雖然記得某次的經歷有多麼可怕或多麼愉快，卻不清楚這個回憶是何時發生的。不然舉個例子，無人不知世宗大王創造了韓文，不過有人記得，自己是什麼時候得知這件事的嗎？

權威者　　　　保護者　　　　合作者

操縱者大多看起來是自己人，不容易察覺對方正在操縱煤氣燈效應

　　只有像二〇〇二年世界盃、入伍日、第一個孩子的生日等，沒有類似的記憶競爭時，我們才能準確地知道那是什麼樣的記憶、這份記憶何時首次進入我們的腦海裡。像這樣，準確知道那個知識或經驗是什麼，以及何時發生的，這就稱為「來源記憶」（source memory）。但是，人最靠不住的，就是這個來源記憶。

　　拿我的經驗來說，我曾經對一起讀大學的系上同學說：「我們二年級那時候玩得很開心嘛！」大家都覺得是那時候。接著我又對晚到的另一位朋友說：「我們三年級那時候玩得很開心嘛！」他回答說：「沒錯，三年級的時候。」一般人回想大學生活，只會對剛入學的一年級上學期、和快要畢業的四年級下學期印象深刻。儘管記得從一年級下學期到四年級上學期發生了哪些事，不過對於那些事是什麼時候發生的，記憶卻模糊不清。

　　如果煤氣燈效應操縱者說：「當時我們關係很要好嘛！」又說：「就是你很聽我話的時候。」雖然的確有「當時關係很要好」的記憶，可是「就是你很聽我話的時候」便很有可能是被編造或扭曲過的記憶。煤氣燈效應操縱者就是如此善於編造記憶。他們自己不知不覺地那樣說，而聽的人也會不知不覺地相信他的話。

一旦被對方懷疑有奇怪之處，煤氣燈效應操縱者就會說：「你記錯了，我記得非常清楚！」、「我的話沒有錯啊！你為什麼要這麼敏感？」、「不會有人這麼想的，你的話很奇怪耶！」聽到這番話，大部分的人都會覺得：「我想錯了嗎？」煤氣燈效應操縱者透過反覆編造來源記憶，就能愈來愈容易提高對對方的控制力。

　　這裡需要注意的一點是，就算說出這番話，也並非所有人都是煤氣燈效應操縱者。假如想知道對方是真心擔心我，還是想對我運用煤氣燈效應，有方法可以區別。要是聽完他的話之後不是覺得「應該要做什麼」，而是出現「所以我不該這麼做」這種沒有其他選擇的結論，就有可能是煤氣燈效應。

煤氣燈效應的四個階段

- 第一階段建立關係：會建立彼此親密的關係。

- 第二階段記憶扭曲：即使只犯一次錯也會翻舊帳加以指責，讓人失去自尊心。

- 第三階段心理孤立（最小化）：斷絕被害者與周圍其他人的往來，使其孤立。

- 第四階段無視：不再視被害者為人。如果某天又親切地對待被害者，被害者便不得不服從。

　　如果從某人那裡受到煤氣燈效應的對待，通常會出現第二階段的描述。萬一已經進行到心理孤立的第三階段，切記無論如何都要和其他人分享、對話並得到幫助，才能避免煤氣燈效應。

比暴力更可怕、更危險的煤氣燈效應

　　很多人認為煤氣燈效應比暴力更可怕、更危險。為什麼會如此？毒品也是同樣的道理，比起在短時間之內產生幻覺的強效毒品，一點一點帶來快樂、貼近日常生活的毒品更危險。這是因為就算效果再輕微，在不斷積累之下還是會改變細胞、改變你的思考結構。

對人類而言，還有什麼比習慣更可怕？假設有位天才科學家出來表示：「從人的大腦結構來看，看到紅燈時前進、看到綠燈時停下來會更好。」我們有辦法改變我們的習慣嗎？恐怕改不了。只要不是剛出生的人，即使這個理論本質上是正確的，人還是會出於習慣而無法適應更改過的規則，繼續在綠燈的時候過馬路。什麼正確、什麼錯誤，在習慣面前也會變得毫無意義。

煤氣燈效應就是讓對方養成「思考無力」的習慣。比起刺激的強弱，刺激頻率對我們大腦的影響力更強。經歷一次龐大的無力感可以容易克服；然而，要是因為煤氣燈效應一再積累些微的「思考無力感」，大腦就會做出無法挽回的決定，也就是：「現在開始別再運作了。」

刺激強弱　　　　　　　刺激頻率

因此，如果遇到某個人，讓你總是覺得無能為力，而且持續無力感，就應該有所懷疑。不管對方表現得多麼親切、多麼善良，要是不斷發生這類情況，就很有可能在不知不覺中，遇到煤氣燈效應。

如果所愛的人遇到煤氣燈效應

　　受煤氣燈效應操弄的人，很難自己主動察覺。如果發現所愛的人正受到煤氣燈效應的操弄，而我們選擇直接告訴他們真相，會發生什麼事呢？恐怕大部分的被害者都會選擇疏遠我們。此時我們只能做一件事：就是找到他的優點，不斷稱讚他。

　　進化心理學最具代表性的研究者、德州大學教授大衛・巴斯（David Buss）在說明男女的進化本能時解釋：男性會發言貶低自己妻子外貌的理由，是因為「害怕妻子會離開自己」。同時，男性在發表這樣的言論後，通常會說：「只有我才有辦法跟妳一起生活。不管妳去哪裡，都不會有人理妳的。」為了讓妻子不離開自己而如此說出貶低妻子外貌的發言，這也可以看成是煤氣燈效應的一種。

　　對那些丈夫會出言貶低自己的妻子，大衛・巴斯教授提

出非常重要的解決方案：去認識一個說自己漂亮的人吧。這樣做，不是要妻子出軌，而是要遇到一個能喚醒自己美麗的人。唯有如此，才能意識到對方反覆說出這種話，真的很奇怪。

如果我們身邊有人受到煤氣燈效應的操弄，請先不斷地稱讚他的優點，哪怕是小事也好。「哇，你怎麼這麼會整理啊！」、「你說話真的好親切喔！」、「看到你笑，我的心情也變得好好。」

要是缺乏這樣的過程，便直接指出他正受到煤氣燈效應的操弄，反而會讓對方失去一個真心珍惜他的人。他並不曉得自己是一個擁有這麼多優點的人，怎麼有辦法聽得進真相呢？所以請別草率地到他面前說出他承受不了的事實，因為他依然認同操弄者所做出的判斷。

很多人擔心自己是否正受到煤氣燈效應操縱而不自知。不過更重要的是，我們也需要看看，自己是否在不知不覺中對別人操弄煤氣燈效應。希望我們都能回過頭來檢視自己是否戴著「始終如一」的面具，反覆向對方說同樣的話。

假如有人不斷重複對我說同樣的話，就表示他並不在意我。因為他並沒有考慮到我的狀況或是發生了什麼事，所以

煤氣燈效應自我診斷清單

☐ 不知為什麼，最後事情總是按照他的方式進行。

☐ 聽到對方說：「你太敏感了！」、「這就是你會被別人忽視
的原因啊！」、「就算被罵也應該要忍下來」、「我才沒有說
過那種話」、「這應該是你自己想像出來的吧！」等等。

☐ 我經常在周遭的人面前為對方的行為辯解。

☐ 在和對方見面之前，會先檢查自己有沒有做錯事。

☐ 因為害怕被對方脅迫而說謊。

☐ 和認識他之前相比，我失去了自信、無法享受生活。

出處：韓國約會暴力研究所

隨時都能說出同樣的結論。要是我們在不了解某人的情況下
就一直對他說出同樣的話，我們也可能會成為操縱者。

　　有時候會想給下屬或後輩一些忠告，請記得身為前輩，
應以倒金字塔說話術來表達。「接下來我要說的話，可能會
讓你覺得不舒服。」應該先告知自己的意圖或概要，然後再
提出忠告。然而，通常情況都是反過來的，先嘮嘮叨叨地發
火或發完牢騷後，再自我開脫：「因為是你，所以我才說這
樣的話。」

如果先清楚傳達自己的意圖後，說出讓對方聽了有些難受的話，或許能成為忠告；但假如是先發洩情緒後，再合理化自己的立場，大多都容易淪為煤氣燈效應式的對話。希望我們都能趁這個機會檢視看看，平常都是用什麼樣的方式和別人對話。

藏在笑臉迎人的背後

#心理偽裝

#躁鬱症

#自我防衛

俗話說：「伸手不打笑臉人。」的確，總是面帶微笑，好處很多。不過看看我們身旁，會發現有些人總是微笑的程度甚至讓人覺得誇張。這些老是笑臉迎人的人即使被路過的人踩到腳還是會保持微笑；到餐廳吃飯遇到服務生上錯菜，他們也會笑著接受、忍著把它吃完。如果僅僅是這樣的話還好，但是他們可能會承受任誰看來都覺得明顯不合理的對待，然後說自己沒關係；當他們自己或家人生病，有人給予安慰時，他們也會笑著說自己沒事。就算他們在職場上原本負責的專案或工作被別人搶走，他們也不會提出抗議或抱怨計較，只會微笑著帶過。試想，假使這個人是你的家人或親近的人，那我們會感到多麼憤憤不平呢？

總是開朗微笑的人的心理

事實上，個性過於開朗通常是一種程度的問題。不過我們之所以會認為這是問題，是因為這些人即使在不該開心的時候也表現出很開心的樣子。心理學家把這個情況稱為「不正常的過度樂觀」，而這種行為狀態可以看為一種心理上的偽裝。以下列舉這類型的人會有這種表現的可能心理原因和狀態。

第一種類型的人，他們心裡可能非常不希望傷害到別人。由於太過擔心萬一對別人提起自己很辛苦、遇到困難的事，可能會讓對方心情難受或覺得困擾。假如是這樣的情況，那麼當他們聆聽別人的事情時，很有可能連自己也覺得辛苦。只是因為他們不太會將這點表現出來，所以大多數情況下都只會悶在心裡獨自承受。絕大部分不願意透露自己很困難、很辛苦，不願意表現出一點蛛絲馬跡、還盡可能掩飾的人，都屬於這一種類型。

第二種類型的人，會覺得只要呈現出自己難過、痛苦或辛苦的一面，好像就會在別人眼中低人一等，被當成是弱者甚至無能之輩，並因此深感不安。這樣的人，很有可能在小時候經常聽到身邊的人說：「你應該成熟一點，像個大人一樣。」

我們什麼時候會要求一個孩子「你應該像大人一樣成熟」呢？就是當孩子們生氣卻要他們克制住自己的怒氣、當孩子們覺得難受卻要他們別表現出來，還要他們說自己沒事的時候。這樣的人每當壓抑自己的情緒時，就會聽到別人稱讚說「你真像個成熟的大人」，藉此獲得心理獎勵。所以就算他們個性並不是真的這麼開朗，也會努力壓抑自己的情緒，在言行舉止上表現出一副很開心的樣子。在他們的真實內心裡，笑不是笑，哭也不再是哭。

　　然而，長期壓抑自己情緒的人可能會導致一個嚴重的問題，那就是失去了面對自己真實情緒的能力。這麼一來，即使他遭遇困難和艱辛的事情，也無法透過身旁的人獲得幫助。畢竟只有當一個人正常表達自己的情緒或狀態時，身旁的人才能夠了解並給予關心和支持，但是他們根本不知道自己有多麼痛苦、辛苦，所以當然會表達不出來。如果長時間處在這種缺乏適度的支持和關心的狀態，這些問題終究會持續累積到一個臨界點，最後不得不爆發。

　　最後一點，問題有可能並不是出在總是說一切都「沒關係」的人身上，而是出在他身旁的我們身上。假如他平常沒有這種情況，只有在和我們相處時，才不斷強調自己不在意，裝作什麼都沒關係的話，那可能意味著，我們一直以來

都在他露出辛苦、困難或難過的情緒時，給了他消極的負面反應。

可以靜下來回頭想想，我們之前是不是太過輕忽對方的情緒、是不是曾經把他的事當成一個笑料或是讓人好奇的八卦。希望我們不要只把過度開朗、總是面帶笑容的人當成問題，而是可以檢視看看，根本的原因是不是在我們身上。

我們應該要如何面對不正常的過度樂觀者呢？

這種不正常的過度樂觀狀態可能會衍生出更大的問題，其中一個就是可能會轉化成嚴重的心理疾病。他們出門在外時看起來好像充滿活力又開朗，但是當他們獨自一人在家時，可能就會陷入深深的憂鬱中，嚴重時甚至可能會發展為躁鬱症[6]。

大家在安靜的時刻獨處時，臉上會有什麼表情呢？很有可能幾乎沒有任何表情。但對於不正常的過度樂觀者來說，他們很難忍受這種平靜的狀態。由於每段情緒波動之間的落差太大，導致他們就算處於平靜狀態，也容易誤以為自己出

6　本章節類似於「微笑憂鬱症」，不過在韓文中也有微笑憂鬱症「미소 우울증」（smiling depression）一詞，文中並未提及，因此不使用。

極端的憂鬱狀態

現了憂鬱情緒或憂鬱症。於是他們可能會開始服用抗憂鬱藥物，後來甚至有機會逐漸演變為躁狂（mania）狀態。這種躁狂狀態持續一段時間後，他們就會再次陷入非常極端的憂鬱狀態。像這樣，情緒彷彿是雲霄飛車一樣的狀態，我們就稱為躁鬱症，或是雙相情緒障礙（bipolar disorder）。

當然，這並不是一個經常發生的情況，而是非常極端的案例。不過，雖然沒有發展到心理疾病的程度，但假如一個人持續處於不正常的過度樂觀狀態，他可能會誤以為心理上的平靜狀態讓自己感到不適，而這點可能衍生出更多不良的狀況或後果。

如果不正常的過度樂觀者是我們很要好的朋友或親近的人，我們沒有辦法一直假裝不知道並矇混過去，對吧？前面提到不正常的過度樂觀是一種「心理偽裝」，一般人會覺得

雙相情緒障礙（bipolar disorder）

　　一般被稱為躁鬱症。是一種心理疾病，會出現情緒和平時不同，異常高昂、開心的「躁症」（或是「輕躁症」）狀態以及「憂鬱症」的狀態，並且反覆在兩種極端情緒之間來回變化。雙相情緒障礙分為第一型（bipolar I disorder）和第二型（bipolar II disorder）。第一型是指情緒高昂的躁狂程度已經影響到日常生活，第二型則是有輕躁狀態，並持續出現四天以上的情況。

　　他們選擇裝模作樣地偽裝自己，是因為他們的自尊心太強。其實還有另一個的原因同樣重要，那就是在他們偽裝的背後有一股強烈的不安，害怕別人有可能會不喜歡自己。

　　當這樣的人因為某件事情感到難過或疲憊的時候，他會害怕自己在別人眼中顯得無能或是有什麼問題，並因此失去大家的關心、不被大家喜愛。只要他們覺得別人對他們不感興趣或不跟他們說話，就會陷入極度的不安，並開始擔心：「這個人是不是討厭我？」於是才用過度樂觀的樣子偽裝自己。這可以稱得上是一種非常扭曲的自我防衛策略。

　　假如身邊很親近的人出現這種情況時，我們應該怎麼做呢？不正常的過度樂觀者只有在自己的底牌被看見的時候，

才會覺得自己需要亮出底牌。當所有人都說自己很辛苦，唯獨過度樂觀者自己沒有訴苦的話，這時擁有這種性格的人就會得到心理上的慰藉。他們不像社會病態患者（sociopath，也稱為反社會者）一樣會把這件事當成別人的弱點加以利用，不過他們會單純因為「對方不知道我的辛苦，但我卻能了解他的辛苦」這個事實而意外地覺得安慰，並繼續堅持他們自己的態度。

所以面對這樣的人，我們一定要想辦法他們感覺到：「如果我不誠實說出來，對方也不會誠實告訴我的。」可是如果再怎麼給他時間、等待他，他還是不願意說出自己的故事，我們該怎麼辦呢？這時就必須直截了當地告訴他才行。

這是我自己親身經歷過的一件事。我有一個很好的朋友，他父母過世時並沒有寄訃聞給我。大家知道他父母過世了卻沒辦法前去弔唁、送上奠儀，其他幾位朋友都感到為難又抱歉。我們心想：「難道我們和那位朋友的關係這麼一般嗎？」後來，我告訴那位朋友：「如果是這樣的話，以後我遇到類似困難的事情時，我也不會告訴你的。」我這麼說之後他才開始深入思考，試著站在我們的立場看待這件事。

彼此的關係愈是親近和密切，愈需要清楚地讓對方知道自己可能會因此難過、不舒服，甚至覺得受傷。如果都已經

這麼做了，對方還是不知道該怎麼辦呢？那麼儘管遺憾，但我們也會得到一個清楚的結論：這段關係可能很難再進一步發展。

假如我自己就是那個不正常的過度樂觀者呢？

萬一看了前面說明的內容後，覺得：「這就是我的問題！」那我們該怎麼做呢？首先，我們需要建立起自己的太陽系。如果我自己是那種不正常的過度樂觀者，無論我遇見十個人或是一百個人，都會用一模一樣的標準對待每個人，所以很有可能會因此產生問題。

在這種情況下，會建議可以稍微將我們已經建立的人際關係進行分類。試著以「我」為中心畫出一個太陽系，設定各種不同的情境，從像是父母過世這種非常悲傷的情境、到搬新家或換新工作這種開心的情境等等。然後把我們自己放在中心位置，在每一個主題或領域寫下和自己有關係的人的名單。

當我們需要寄送婚禮請帖的時候，就會需要強迫自己確實地劃分出這個太陽系。除此之外，也會出現需要重新劃分另一個太陽系的時候，就是當家人或親屬過世，需要寄送訃

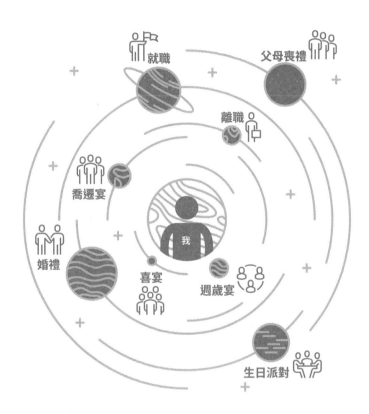

聞時。這時和寄送婚禮請帖的情況不同，我們沒辦法提早通知誰，也無法預先設定好通知每個人的方式。在原本的太陽系中和我們距離遙遠的人，可能因為他前來參加喪禮而和我們變得更親近，這些都會成為關係變化的契機。

像這樣以自己為中心寫下或是畫出關係圖之後，我們就會開始思考：「我心裡是這麼想的，但為什麼我對每個人的態度都一樣呢？」這部分也是需要練習的。當然，面對自己的內心世界並不是一件容易的事。但只要經過不間斷的練習，至少我們可以清楚知道「我和這個人之間的對話可以深入到什麼程度」，並且把它圖像化。

工作的時候整理工作狀態列表，也是出於一樣的原因。目的是為了要更仔細地觀察已經發生的事情，而且著手處理時可以更加精確。對每個人態度都一樣，是因為我們沒有畫出自己內心的狀態列表。如果我們描繪出各種人際關係之下自己的內心狀態列表，就有機會能夠讓自己不再只是告訴身旁的每個人：「我沒事。」

我們常常認為自己最了解自己。然而事實上，我們多半沒辦法客觀看待自己。所以需要花一點時間檢視周圍的人和自己的關係，然後把這部分寫下來、畫出來，讓我們自己清楚看見。儘管所需的時間和努力可能會比我們想得更多，不過當我們親手寫下來之後，我們對自己、對我們周圍的人際關係，還有看待周遭每個人的觀點都會變得清晰。

如果你正因為不知道自己是什麼樣的人而感到痛苦，那麼請試著寫下關於自己的事吧。當有人表示他們覺得很辛苦時，你是怎麼反應的？當你獨自一人時，你會處在什麼樣的狀態中，臉上又會有什麼樣的表情？希望你能夠以自己為中心，試著建立一個豐富又多元的太陽系。

如果身邊有人一開口
就愛拿你和別人比較

#物理距離

#價值的提高和貶低

#喜好和想要

　　如果讓大多數的人選最不想聽到的話時，那麼不分性別、年齡和職業都一定會提到：和別人比較。在學校念書時，聽到「隔壁鄰居的小孩書念得那麼好，你怎麼會這樣呢？」真的會覺得很厭煩；在公司工作時，一句「和你一起進公司的金主任工作做得很好，你怎麼會這樣呢？」就會讓我們十分緊張。每次逢年過節一定都會聽說誰找到哪裡的工作了、誰交往的對象在哪家大公司上班等等；或是情侶和夫妻之間提到「○○都可以做得到，為什麼你不行？」這時候一定會引起爭執。這些話的共通點，就是「比較」。

不過其實這種比較的話，也只有某些人會說。有些人一開口就會習慣性地拿別人來比較，造成聆聽的人很大的困擾。為什麼他們會總是用這樣的觀點看待別人呢？

言談間總是愛和別人比較的心理

　　明明可以單純提到事情這樣或是那樣，但有些人一定會說：「人事部門的那個人怎麼樣了」、「隔壁鄰居的人怎麼樣了」，用這種說話方式把其他人拿來比較。這些人到底為什麼會有這樣的說話習慣呢？最容易猜到的原因是他們想指導對方。

　　這種想指導對方的欲望最常出現在什麼樣的人身上？答案就是跟自己很親近的人。對於彼此有些距離感的人而言，說話的時候不太容易拿別人來比較。而且就算真的拿來比較，效果也不明顯，或是很難具有說服力。所以這類比較的話，反而經常從家人口中聽到。如果彼此不夠熟悉，通常講到某個程度就會自然停下來，不會繼續說下去；但正因為他們覺得彼此很親近，又擔心對方不懂自己的意思，於是就會用很極端的方式來比較。

事實上，愛比較是一個非常簡單的心理過程，很容易看得出來。也因為覺得彼此關係親近，所以認為自己可以善意的指導對方，什麼是對的。

那為什麼我們覺得完全不熟的親戚、或公司主管要用比較的方式說話呢？這裡必須特別說明的是，「親近」這個詞不一定等於「關係要好」。不論彼此關係好壞，公司主管會因為和我們之間物理距離很近，親戚則會因為和我們之間的親屬關係很近，而認為「我們很親近」。

你可能會問：如果彼此的關係確實親近的話，當我遇到好事時，對方應該會真心為我高興；當我遇到困難時，對方也應該會深深為我難過，不是嗎？然而，對於那些愛比較的人來說，他們所感受的距離可能和我們有所不同。如果詢問那些拿我們和別人比較的人：「為什麼你要說出這種比較的話？」他們很有可能會回答：「我都是為了你好。」這表示他們確實認為和我們之間的關係親近到可以互相關心、互相擔心。

韓國人生活在一個容易被比較的環境裡

這種喜歡拿人互相比較的對話，在韓國社會比其他國家更普遍。因為韓國人相當在乎群體是否合群，追求集體性，所以彼此更容易比較。例如，如果要我們比較一輛車和一顆蘋果，想必我們會覺得：「在說什麼啊？」但假如要比較的，同樣都是汽車的運動休旅車（SUV）和一般的四門轎車（Sedan），相對容易得多。

剛來韓國沒多久的外國朋友，聽到韓國天氣預報「明天全國有雨」的這句話，都相當驚訝。我問他們為什麼會那麼驚訝，他們說他們國家從來沒有出現過全國同時下雨的情況。不過相對地，韓國的國土面積比較小，所以的確可能會出現這樣的天氣預報。不僅如此，生活在韓國的我們幾乎都會在同一時期就學、畢業，在同一時期就業，在同一天返鄉，而且在每四年一屆的世界盃上都會一起穿紅色的衣服。

除此之外，我們韓國人對於住的地方（房子）、搭乘的交通工具（汽車）、配戴的東西（手提包、手錶等）這些價格資訊，都了解得非常清楚。在國外，房屋型態和結構各式各樣，很難一眼就看出一間房子的價格。但在韓國，我們可以立刻知道某個社區裡的整棟樓的價格、黃金樓層的價格是多少，連鄰近社區的房價是多少都能知道。也就是說，韓國

人周圍的所有事物幾乎都可以透過貨幣計算來理解，因此在這樣的環境下更容易透過價格比較。

在一個充斥著比較的文化底下，能改變的方法只有一個，那就是：必須依照每個人的特質和生活方式來看待對方，並且尊重他所擁有的特點。

一面稱讚一面比較，比單純的比較更糟糕

從根本上來說，比較現象會賦予某個東西更高的價值（valuation），同時貶低另一個東西的價值（devaluation）。當我們一提到比較時，通常只會想到「為什麼你做得比他更差？」這種只有貶低的概念。然而，更讓人深感痛苦的是夾雜了提高價值和貶低價值的比較。就像是說：「他真的做得很好耶！（停頓）比你更好。」

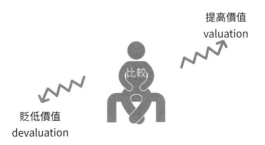

提高價值
valuation

貶低價值
devaluation

比較

帶著稱讚的比較，對心理的打擊更大。通常對方準備批評或責備我們的時候，我們會先做好心理準備。不過當我們聽到像「那個人的車看起來真的很不錯，對吧？」這樣的話時，並不會有任何準備，因為談論的是「那個人」的事。不過，如果馬上就接著聽到「比你的車好多了」，我們就會在毫無防備的情況下受到傷害。其實對於一輛車子好與壞的標準因人而異，我們卻會因為那個比較的人說出口的話，而真的覺得自己的車，價值好像降低了。

喜歡和別人比較的人，不會感到幸福

　　會不斷和別人比較的人，他們的特徵是沒有屬於自己的絕對標準。因為沒有自己的標準，所以會經常拿別人的樣子或行為來和自己比較，用這種方式思考。

有些人對於什麼是幸福，幸福生活的樣貌為何，有自己的一套標準。他們會認為「能開這種等級的車就足夠」、「我對薪水已經很滿意了」，本身就不太會想到要和別人比較或說出類似的話。

　　基本上，經常喜歡比較的人往往都沒有屬於自己的標準。他們並不是依照自己的標準來決定前進的方向，而是參考別人的標準來判斷自己想要的路。因此那些喜歡和別人比較的人，也不會感受到真正的幸福。假設我這次考了 70 分，而我念書時，把這次考 80 分的同學當作努力的目標，不過下一次考試時，我考 85 分而那個同學考 95 分，我就會認為努力一點意義也沒有。於是，在面對下一個目標時，也就沒有實踐的動力。

　　正如前面所說，這樣的人是因為沒有自己的標準，才會不斷地和他人比較。但是他們在生活中可能會遇到一種最糟糕的情況，那就是沒有可以比較的對象。以前曾有人半開玩笑地說，當史蒂夫‧賈伯斯過世時，韓國的 S 公司可能會是最傷心的。因為象徵創新的賈伯斯不在了，他們可能會一時迷失方向，不知道自己要追上什麼、不知道自己要贏過誰。就像這樣，當我們不斷地被比較、或是不斷地和別人比較，如果哪天突然沒有了一個可以比較的對象，就會連自己該要

做些什麼都不知道。

如果我們不斷地比較，就無法確定自己真正的喜好（like）。所擁有的東西，也往往只是因為別人有，在經由比較後，我也想要（want）罷了。如果純粹是基於自己的喜好、和比較無關的想法，在心理學上稱為「喜好」。相對地，如果我想要的不是「我喜歡的東西」（喜好），而是「別人都有、只有我沒有的東西」（想要），那麼「想要」和「喜好」之間，自然會產生差距。人既需要得到自己想要的，也需要得到自己喜歡的。不過這就意味著我們要耗費兩倍的力氣，無論是金錢還是時間，如果沒辦法達成，就只能擁有一半的幸福而已。

想要比較的時候，我們可以這麼做！

很多人說教育孩子時，「比較」會對孩子造成不好的影響。對於小孩子來說，如果大人經常拿他們來比較，他們的自我認同則容易感到混亂。換句話來說，他們會沒辦法建立自己的標準。而這樣的孩子成年後，也比他人容易受小事的影響。我們所處的世界，已經是即便父母不拿孩子互相比較，也依然不改愛比較的現況。不過，若是父母事事都愛拿

孩子出來比的話，孩子就會活得很辛苦。

不過，有一種比較，父母可以對孩子做。儘管不該拿孩子和其他孩子相比，卻可以拿孩子自己過去的狀態和未來期望的樣子來比較。在某些情況下，這麼做還能帶來非常正面的效果。每位成功的運動員都經常對自己說：「我和昨天的自己競爭。」這表示他並不是為了追趕或戰勝對手，而是專注地和自己較量。

「上次你做得很好，這次也能做到吧？」或是「哇，你比去年長高了五公分！」這樣的比較可以讓孩子依自己的情況做判斷，不僅不會造成自我認同的混亂，反而可以激發他們追求成長的動機。

實際上，這種形式的讚美對成人也同樣有效。像「金主任，上次你提交了一份很好的報告，不過這次稍嫌不足。可以麻煩你調整得像上次那樣嗎？」這種比較，完全不會讓對方的心情受傷，也不會讓他們覺得自己很可憐。

還有另外一種狀況是，並不是別人拿我們來比較，而是自己總是喜歡不斷地和別人比，然後又為此感到困擾。他們看社群媒體的時候，會覺得所有人看起來都很快樂，只有自己是不快樂的，持續拿自己和別人比較、不停地折磨自己。

不過讓我們試想一下，大多數的人只會在社群媒體上分享他們去旅行、或買了一輛新車這類幸福的時刻。幾乎沒有人會分享他們在飯裡加水、隨便配泡菜吃的照片。也因此在社群媒體的世界中，每個人看起來都很快樂。

愈是對自己擁有的一切不滿意，愈是愛和他人相比。文化心理學家金正雲（音譯）教授用「渴望他人的欽佩」來形容這樣的人。就像這樣，個性上習慣和別人比較的人其實需要的是自己肯定自己的事物，而工作或汽車之類並不屬於這個範圍，因為這些都是極容易受到別人的評價所影響。

如果你屬於這樣的人，我想建議你學習一些新事物、或試著發展自己的興趣，不管是書法、皮拉提斯、撞球，或其他任何事情都好。

在學習以前從未接觸過的新東西時，過程中你會驚訝地發現：「原來我也可以做到這件事啊！」然後在實力或知識增加的同時，就會擁有更多讓自己欽佩自己的機會。而這些都將成為保護我們自尊心和身分認同的堅固鎧甲。

為什麼他一直使用社群媒體，
卻不回我的訊息？

#職業潛水專家
#情緒的放大
#社交能量

　　當我們錯過了朋友或公司同事的來電，手機上跳出「未接來電」的訊息時，各位會怎麼做呢？如果這時又傳來一則訊息請我們回電，通常都會馬上回撥電話給那個人吧。但有些人並不會這麼做。

　　這個類型的人，只要我們不在他們身邊，他們就不會回覆任何電話、簡訊或即時訊息。有時候，在他們旁邊的人看到他累積了許多沒有回覆的訊息時，會催他：「你快回覆一下。」他們還會說：「如果真的有事，對方會再打來給我的啦！」不過問題是，他們不僅對朋友或熟人的聯繫這麼做，就算是和工作相關的聯絡訊息，他們也會置之不理。這些習慣性讓人聯絡不上的人，到底為什麼會不接來電、不看訊息，還不給任何回應呢？

職業潛水專家的類型

當我們說某人忽然「潛水消失」時，需要先考慮一些情況。有些人儘管不容易聯絡上，卻情有可原對吧？像是他現在非常忙碌、或處於很艱辛的狀態，這些都可以理解。不了解的話不一定可以體諒，但只要知道對方的狀況，沒有人會覺得他們聯絡不上是件讓人生氣或不高興的事。真正讓人心情煩悶又生氣的，是那些不停更新社群媒體、每天上傳好幾則貼文，卻在緊急時刻完全失聯的人。

通常，擁有內向性格的人更容易展現這種行為。更重要的是，有些即使外表看起來外向，但實際上並不是真正外向的人也會有這種傾向。而這些人在真正回到家之後就會「潛水消失」，拒絕外界的聯繫。為什麼會這樣呢？

因為他們光是要走出家門、在外面生活，就已經消耗了所有的社交能量，所以他們根本沒有更多的力氣去為別人著想或說話。

實際上，如果要一個性格測驗的結果顯示為內向的人，像外向的人一樣出門在外和人見面、對話、使用社交能量的話，結果會變得如何呢？假設他們參加了一場論壇或研討會，一天之內和數十人、數百人對話完之後，他們會感到精疲力盡，甚至沒有力氣接聽任何人的電話。愈是內向的人，

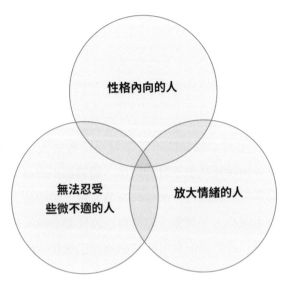

職業潛水專家的類型

消耗這些社交能量的速度也會愈快。結果等他們最後回到家時，當然也已經完全沒有任何餘力可以承擔任何聯繫。

　　還有另一個原因。這些不太能聯絡得上的人之間有一個共同的特點，那就是無法忍受些微的不舒服。不是因為對話的內容讓他們如此，只要他們單純對接電話這個行為本身感覺到任何一點點的不適，他們就會不願意接電話。為什麼會這樣呢？

　　這是因為這類型的人個性極度敏感。經常被別人說脾氣暴躁或不好相處的人也屬於這一類。由於十分敏感，即使只是一點點的不舒服，他們的感受也會非常強烈，所以不可避

免地會承受巨大的心理壓力。因此，他們會乾脆避免這種情況。

　　最後，還有一種類型，就是總是過度放大情緒的人。每個人處於困境或狀態不好的時候，通常都不想讓別人看見自己的日常生活。然而，那些時常放大自己情緒的人，只要自己當下不開心、不興奮、覺得自己沒什麼效率，也沒有發生任何好事，他們就很有可能會認為自己處在一個相當糟糕的狀態。這一類人會覺得沒發生任何事的平靜狀態就等於不好。因此也不會想讓別人看見自己的真實狀態，最後便選擇切斷和其他人溝通的管道，只願意透過社群媒體，對外展示自己看起來很美好的一面。

外向型（extraversion）和內向型（introversion）

　　儘管每位學者對於外向型的定義都不同，不過認知心理學家們認為，外向型的人和內向型的人的區別在於，和人往來時可用的能量不同。換句話說，同樣是一天，兩者能夠見面的人數也並不一樣。兩者的特性不同，外向的人關注的焦點會偏向外界，所以他們通常都很活躍；而內向的人則會將更多的能量集中於內在，也因此可以展現出高度的專注力。外向性和內向性並沒有好與壞的分別，只是性格上的差異而已。

失去聯絡後，重點在於那個人的態度

正如前面所提到的，聯絡不上及潛水消失的原因，因人而異。不過我們真正需要關注的並不是聯絡不上他這個事實，而是失聯之後，對方的態度。如果彼此的關係還算熟識，即使一時失去聯絡，終究還是會有再見的一天。要是再次相見時，他並沒有對之前失聯的事情感到抱歉或清楚解釋原因，那麼建議最好可以和對方保持一定的距離。因為這個行為顯示，你在他心中可能並沒有像你所想像的那麼重要。

假設那個經常聯絡不到的人，我們必須繼續保持關係，或是我們希望繼續保持關係的人，那麼，又該如何應對呢？最後的方法，就是必須讓對方覺得他應該要負起某種責任。不接我們的電話就意味著他不願意對我們做出「回應」。

邱吉爾曾說：「不安和恐懼是一種反應，勇氣是一種決定。」（Fear is a reaction, Courage is decision.）不安和恐懼是非常本能且自然的一種「反應」，但勇氣則是雖然恐懼卻依然願意去嘗試的一個「決定」。那如果我們將這種觀點套用在對方不回覆我們的聯絡這件事情上，會怎麼樣呢？

想不想回覆我們的電話是那個人的自然反應，關鍵在於那個人的決定是什麼。如果他又再次不接我們電話的話，就應該問他：「這是你的決定嗎？」

「你不想接我的電話嗎？」和「你已經決定不再接我的電話了嗎？」兩者的意思完全不同。使用前者的方式提問，對方就會有很多藉口可以逃避。但如果是使用後者的方式提問，對方就會無處可逃。一旦他回答「是」，就表示對方不想和我們建立關係。

　　哪怕對方只是稍微想要和我們保持關係，相信也很難開口說出他已經決定都不接我們電話這種答案吧？所以，這會讓對方覺得自己應該要負起多一點的責任。畢竟都已經把話說到這個程度了，對方很難單憑他自己的本能反應就選擇不接電話。

如果是工作上有合作關係的人聯絡不上呢？

　　如果是工作上有合作關係的人聯絡不上、或潛水消失，即使覺得麻煩又累人，還是必須「仔細地」向對方說明需要聯絡他的具體原因。意思是應該將重點放在雙方的合作上。這類型的人並不會因為一般的原因，像是「需要見面跟您討論一下工作合作的部分」、或是「關於整理文件的部分，方便電話跟您討論一下嗎？」等等的內容回覆我們。

　　那我們可以怎麼表達呢？例如：「關於合作的內容，必

須共同討論過才能完成今天要交的報告。我真的很需要您提供的寶貴意見，所以需要跟您通個電話。」要像這樣很具體地說明，對方才會實際地感受到通話的必要性。下次當我們聯絡對方的時候，他願意接起電話回覆的可能性才有可能增加。

A

B

具體說明
需要聯絡的原因

完全掌握
通話的必要性

變得容易聯絡的
可能性
增加

　　短期而言，這種應變方式可能有效。不過萬一對方是習慣潛水消失的人、或甚至是我們的主管，那麼問題就會變得更複雜。在這種情況下，我們需要將自己的感受一起融入到對話中。加入感受並不是要把我們的不滿或不悅直接告訴他，而是像提到「我真的對這件事感到相當困擾」的方式，讓對方知道我們在情感上所面臨的困難。除非對方真的是一個完全無法相處的人，否則只有當我們稍微加入自己的情感請求對方回覆時，對方也才比較有可能回覆。

當我們只是因為一般的工作聯絡他們時，他們很容易認為：「真的很緊急的話，他會再聯絡我的。」或是「如果真的那麼必要，他應該會透過其他方式處理。」但要是因為這樣，就一直強調工作的緊急程度，這種行為其實反而會刺激到他們。因為「緊急」是工作狀態，而不是我們本身。過分強調緊急程度，對方可能會反過來指責我們，或是將情況往對我們不利的方向帶。因此即使需要多花一些心力，還是要在訊息當中告訴他們緊急的並不是工作，而是我們感到困擾的這點。

萬一職業潛水專家就是我們

到目前為止，說明了如何應對職業潛水專家的方法，不過如果閱讀這本書的你，正是那個一回到家就不想和人聯繫的職業潛水專家，那麼我們又該怎麼做呢？畢竟我們自己可能也已經意識到，這種行為會對別人的心情造成傷害或帶來困擾。

我們必須承認的是，當我們拿起智慧型手機的那一刻起，就算已經回到家也不得不進行某種程度的社交生活。那個只要下班或放假，就不再和世界有任何聯繫的時代已經過

去了。我們也都知道，光是關掉智慧型手機並不能解決問題。那麼，怎麼做才是更聰明的應對方式呢？

假如你不喜歡自己潛水消失的習慣，有意改變現況，首先，就是少見人。要是我們回到家之後，已經疲憊到無法接起任何一通電話、或是回覆任何訊息，就表示我們在外面過度消耗了自己所擁有的社交能量。換句話說，我們已經接觸了太多的人。所以，我們必須好好管理自己的社交能量。

就像吃飯時覺得差不多吃飽了就會放下筷子一樣，我們和人接觸時也不能完全耗盡自己的社交能量。我們之所以變得沒辦法接起重要電話，其實是我們自己造成的。因此，無論我們和誰見面、做什麼、或是去哪裡玩，都應該保留一些社交能量。這樣才不會讓自己陷入因為失聯而被指責或受到傷害的窘境。

另一種避免因為沒有接到電話而發生問題的方法，就是告訴別人我們並沒有潛水消失。我們有可能在當下完全不想接電話，或是覺得困擾，那麼我們可以傳一則訊息告訴對方：「現在有點累，我們可以稍後再討論嗎？」至少要讓對方知道這點。

這不僅是為了對方，也是為了我們自己著想。留下這樣

的訊息等於是提出了一個更好的方案，因為最後我們會主動聯絡對方。根據我自己的經驗，這個動作會發揮像是提示的功能，讓我在幾天內優先聯絡對方。

如果我們不是只告訴對方「我稍後會再聯絡你」，而是更明確地表示「我明天會打電話給你」或「明天下午五點左右我會打電話給你」，就會是一個更好的處理方式。這樣做，可以減少對方的煩悶、不安和束手無策的焦慮；而從我們的立場來看，也是一個很好的機制，確實提升我們明天聯絡對方的可能性。這對雙方都是一種安全、為彼此著想的保護機制。

最後，大家覺得什麼情況下會不想對話呢？是不是提到我們不想談論的話題，或是談論內容會造成我們負擔的時候呢？其實人和人交談的過程中，有時談論的主題雖然對我們來說毫無負擔，卻可能會讓對方覺得很有壓力。所以，在幫某個人貼上「職業潛水專家」、「很難聯絡」的標籤，或是為此感到失望、生氣之前，希望我們都可以先檢視自己，看看我們是不是在日常交談中經常提到讓對方不舒服或有壓力的話題。

讓人覺得無力的
悲觀者心理

#經常不幸

#悲觀和批判

#善良外表下的悲觀者

　　有些人不管做什麼事，總是提不起勁。和這樣的人談話，連帶自己也不免心情低落。當我們試圖鼓勵一起做些什麼的時候，他卻一直對未來流露出極度憂鬱又悲觀的情緒，讓我們原本想要積極努力的心也跟著一起消失。悲觀的人經常會習慣性地脫口說出「我就是這樣」、「不論我做什麼都不會成功」之類的話。和這類型的人交談一段時間之後，我們也會在不知不覺中陷入同樣悲觀的泥淖。無論我們說什麼、做什麼，他總是把我們帶往悲觀的那個方向。究竟為什麼會這樣呢？

悲觀並不是一種個性，而是一種習慣

首先，我們需要明確了解一件事：悲觀不是一種個性特質，絕大部分都是基於習慣。心理測驗中「批判性思考」，是指根據事實選擇出更合理的方案，而不是根據自己的主觀意見。但是「悲觀」這個概念根本不存在於心理測驗當中。任何一種個性的人都可能變得悲觀，而這更多是出於後天養成的習慣，並不是與生俱來的。

因此，我認為「個性悲觀」這種說法是不正確的。而且其他心理學家也強調，所謂的悲觀就像字面意思一樣只是觀點的問題，而不是一種性格。當然常常說出悲觀的話，這樣的人可能天生就比較悶悶不樂。然而更多的情況是，這種人強烈地感覺到自己目前的狀態正不斷地往下滑。

目前狀態：一直不斷下滑

有句話在包括認知心理學的各種心理學領域持續強調：「幸福取決於頻率，而非強度。」我們會覺得幸福，不是因為經歷了一兩次巨大的幸福，而是經歷了許多次小小的幸福。這是因為我們的大腦認為情緒的頻率比強度更重要。除了像是創傷（trauma）這種一般人難以承受的極端經驗之外，這一個概念適用於所有情境，不幸同樣也是如此。

所以如果某個人變得悲觀，可能是因為他被一次嚴重的創傷控制住了，或是持續遭逢許多次小小的不幸。通常後者的可能性是更大的。因此這個人可能已經習慣頻繁發生的小小不幸，從而養成了悲觀的習慣。

從結論來看，那個人會變得悲觀不是因為擁有悲觀的個性，而是在過去的一段時間當中養成了悲觀的習慣。通常我認為這段時間不會到一輩子那麼長，而是大約十年左右。這過去的十年，就是我們需要特別留意的關鍵。

那麼，「悲觀」和「批判」之間有什麼區別呢？假如這兩者沒有被清晰地劃分開來，我們可能會誤認為所有對未來抱持負面看法的人都是悲觀的，並試圖遠離他們。簡單來說，悲觀的人會認為無論事情如何發展，結果都會是不好的；而批判的人則會具體地認為：「如果這樣做，會經過某種過程且導致不好的結果。」

狀態		狀態	
過程	✕		考慮到各種因素
努力		過程 ← 努力	
悲觀的人		**批判的人**	

　　這兩者有很大的不同。悲觀的人完全不會通盤考量當前的狀態、後續的發展、以及付出努力所得到的結果，只會直接表示：「做了也不會有用的。」相反地，批判的人會考慮到狀態、過程、努力等各種因素，然後得出「由於這樣那樣的問題，所以行不通」的結論。因此，「批判性」的相反詞中同時包含了樂觀和悲觀，平白無故的樂觀和平白無故的悲觀都是批判的相反詞。

善良外表下的悲觀者之所以危險的原因

　　接下來，來談談我們關注的「平白無故的悲觀」。假如我們身邊有這樣的悲觀主義者的話，大家應該都會想要避開這樣的人吧？不過我們沒辦法完全避開這類人的原因，是因為這些人看起來異常善良。

其實當一個團體想要嘗試或挑戰新的事物時，提議的人往往不得不扮演某種程度上的反派角色。而扮演這種反派角色的人，大致有兩種類型：嘮叨的人和忠言逆耳的人。嘮叨和忠言逆耳有什麼不同呢？通常我們沒有做該做的事情時，會聽到嘮叨；相對地，當我們沒有把該做的事情做好時，就會聽到不中聽的批評。如果提議要試試之前從來沒有做過的嶄新嘗試時，應該就會聽到有點尖酸刻薄的批評。

從聆聽者的角度來看，這兩種人可能看起來都像是反派，可是在一個家庭、團體，甚至是我們的社會其實都需要說出這些嘮叨、批評的人。因為就結果來說，嘮叨的人所扮演的角色可以預防一些不該發生的事，而嚴詞批評的人所扮演的角色則能夠促成必要的改變。

至於真正可能會對團體造成危害的，既不是嘮叨的人也不是忠言逆耳的人，而是悲觀的人。悲觀者會用好聽的話包裝，說：「即使我們改變也沒有用的，還是繼續按照原來的方式做吧。」然後繼續躲在舒適和安逸中。

當身邊的人用一副和善的面孔說：「做了也沒有用，就照原來的方法做吧。」這時我們或許會得到一點慰藉並因此而停滯不前。而他們也可能會繼續向團體中的其他人灌輸這

種觀念，讓大家覺得舒適又安逸是一件很好的事，同時阻礙一個團體或社會朝更積極的方向發展。

這些悲觀者大多數都有著一副和善的面孔，一般我們不太會嫌棄或批評他們。因為並沒有可以嫌棄或批評他們的理由，所以我們更容易和他們接觸、受到他們更多影響。這就是為什麼擁有善良外表的悲觀者，如此危險的原因。

悲觀者所說的話不會有「動詞」

悲觀者的特質也體現在言語上。如前所述，人們容易陷入悲觀是因為接連遭逢不幸，而且對悲觀的預測往往是對的。這時，悲觀者最常說的話就是：「看吧，我就知道會這樣。」

儘管我們平時也經常這麼說，但對於悲觀的人而言，這句話就會成為他們進一步陷入悲觀的一種心理因子。他們會這樣告訴自己、悲觀地預測未來，而這種說法本來就容易導向一個消極的結果。簡單來說，就是他們做出了最糟糕的自我暗示。

從悲觀者的言談當中可以發現另一個特點，那就是他們很少使用動詞。動詞表示「實際做了什麼」的行為，不過悲

觀的人，未來並沒有想做的事。

　　所以當他們被問到像是「你退休之後想做什麼？」的問題時，悲觀的人通常會用名詞回答，像是「農場」、「生意」、「商店」這樣的答案。從回答可以看出他們沒有具體的計畫。然而，樂觀的人會說：「我想建立一間私人圖書館，研究機器人相關的技術。雖然我以前學的是哲學，但最近我想嘗試些新的東西。」他們會像這樣，用許多動詞，詳細列舉他們想做的事情。

　　因此，我經常建議大家，要小心避免用名詞來描述自己的夢想。一旦夢想簡化為一個名詞的時候，結果多半不會太好，這也會使人更容易變得悲觀。到公司裡觀察會發現，很多人的夢想是成為公司的高階主管、副總裁或總裁。可是等他們爬到那個位置之後，一切就結束了，因為沒有未來的目標，所以他們也不知道自己接下來該做些什麼，只是不斷虛度人生。然後他們會開始焦慮、變得不耐煩，逼著無辜的下屬往不合理的方向前進。

　　不過，我知道世界上許多表現出色的領導者都會說：「當我爬到那個位置的時候，我一定會做出改變。」

　　這樣的人已經提前想過自己爬到那個位置之後要做些什

麼，所以他們在處理眼前工作的同時，會繼續追求下一個夢想。無論是再怎麼樂觀的人，要是他們只用名詞描述他們的未來，就算他們真的實現了夢想，也很容易因為不知道接下來該做些什麼而感到困惑、變得悲觀。

如果我們關心的人習慣抱持悲觀的想法

要是不斷向我們灌輸悲觀想法的人是我們無法避免接觸的人，或是出於關心而不想疏遠的人，我們該怎麼做呢？在這種情況下，會建議你反過來用那個人的話來回應他。該怎麼做呢？當事情出現好的結果時，我們可以告訴他：「看吧，我知道會這樣。」這麼做就可以提高對方關注正面結果的機會。

如果我們和這個人共同負責的工作獲得了很好的成果，那麼一起慶祝有這樣的成果並論功行賞也是很重要的。要找出那個人負責的工作，然後稱讚他：「按照你建議的方式做，結果變得更好了。」或是「要是沒有你想的那個點子，我們差點就失敗了。」用這樣的表達點出成功的結果。藉由這些被稱讚的經驗，從旁幫助他逐漸養成正面思考的習慣。

萬一我們身旁有習慣悲觀的人，還需要強調並提醒他們一個事實：「在過去的十年中，你的人生發生了很多改變，變得愈來愈好了，未來的十年也會如此的。」下面圖表呈現出，人在回憶過去和預測未來時的趨勢變化。

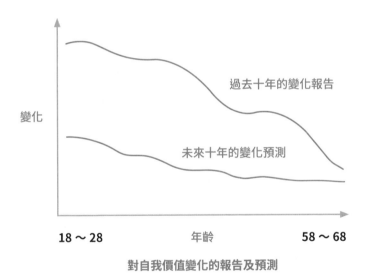

對自我價值變化的報告及預測

出處：喬迪・奎德巴赫（Jordi Quoidbach）、丹尼爾・吉爾伯特（Daniel T. Gilbert）、提摩西・威爾森（Timothy D. Wilson）（2013），〈歷史終結錯覺〉（The end of history illusion），《科學》（Science）第339 期，96 ～ 98 頁。

通常相較於過去，人們往往會大幅低估未來的變化，這是人們普遍的特性，而且這個現象在所有年齡層都會出現。假設人們在過去十年的時間中經歷了一百種變化，那麼一般會認為未來十年可能只會出現大約三十種的變化。人們總是如此低估未來，才會斷定未來十年中發生的好事，絕對不會比過去十年還要多。

因此，面對悲觀者的時候，關鍵是不要讓他們的想法被侷限在一個狹小的範圍內，而是要提供更多可能的選擇，並且不斷暗示他們：未來還會出現非常多的變化。平時別責怪他們：「你為什麼對每件事總是都抱持著悲觀態度呢？」應該告訴他們：「未來會有很多驚人的新事物發生的。」

假如悲觀者的年齡比我們大很多的話，光是告訴他們未來世界會有很多變化，可能還不足以改變他們的看法。這時候我們可以再加上一句話，提到人類的平均壽命正在變長，所以未來在對方長命百歲的人生中，一定會有非常多機會可以看見積極正向的變化。

其實我身邊就認識一位即將退休的前輩，他對未來也都抱持悲觀的態度。我告訴他：「如果運氣不好的話，您可能還會活到 140 歲呢！」他聽到之後便覺得「像現在這樣一直停留在原地的話，往後剩餘的人生太漫長了」，於是他決定

開始嘗試一些新事物。所以，要是我們身旁有也經常陷入悲觀的長輩，建議可以多多和他們談論到這些內容。

擁有悲觀想法的人，在某些團體中反而更能脫穎而出，尤其是由非常樂觀的領導者帶領的團體。因為有時悲觀的人可以發現樂觀的人看不到的問題。

所以，當悲觀的成員和樂觀的領導者彼此合作的話，他們之間的合作往往出乎意料地融洽。相反地，如果領導者的心態悲觀，而成員的心態樂觀，那麼他們之間要互相搭配，可能就會沒那麼容易。

從另一個角度看，要是一個人隨著年齡的增長和社會地位的提高，想法變得愈來愈悲觀，可能也代表著他們並沒有好好履行成年人應盡的職責。

的確我們保有批判性思考的能力始終是必要的，但是希望我們每個人隨著年齡增長的同時，都可以回頭檢視自己是不是經常擁有樂觀的想法，以及是不是能夠樂觀地看待未來。

如何辨識出容易移情別戀
的花心大蘿蔔

#接近動機

#逃避動機

#偏執

#反規則

　　如果要一一列舉我真的難以理解的人類類型，「到
處搞曖昧、總是撩撥別人的花心大蘿蔔」絕對排在前五
名之內。就是那些明明已經有穩定交往的對象或另一
半，依然時常留給異性很多「空間」，然後越過這個空
間發展成某種「曖昧關係[7]」，再讓這份曖昧關係演變
成「緋聞」的人。有句話說：「有一輩子都不曾劈腿
的人，卻沒有只劈腿一次的人。」為什麼會有這種說法
呢？為什麼有人會愛著一個人，目光卻又被其他人吸
引，他們心裡究竟在想什麼呢？接下來讓我們一起深入
探討，徹底解析這類人容易移情別戀的心理。

7　씸씽用英文拼音即為 something，指正處於曖昧（씸）狀態的新造語。
　　文中不另外標注。

「花心大蘿蔔」的基因和一般人不同嗎？

有人說容易移情別戀的花心大蘿蔔「生來就是這樣」，並認為是基因的問題。難道真的有特別容易移情別戀的基因嗎？

根據澳洲昆士蘭大學研究團隊實際針對這個主題研究的結果顯示，會風流成性、或容易有外遇傾向的人，他們分泌多巴胺的多巴胺受體長度更長。多巴胺受體比較長，通常也表示它的作用比較活躍。也就是說，多巴胺受體比較長、多巴胺分泌比較多的人，有更高的機率成為一個容易移情別戀的人。

那麼，一個人容易移情別戀，真的是從出生時就決定的嗎？身為認知心理學家的我認為不單純只是這個原因，而且問題也沒有那麼簡單。因為即使是基因相同的人，也會受到各種因素的影響而決定他們的個性和習慣。這並不表示這項研究結果是錯的，只是我們需要從另一個角度來思考這個結果。

多巴胺主要會在我們處於興奮狀態時分泌。那麼在以下兩種不同的場合中，哪一個環境會讓我們更容易感到興奮呢？第一個是非常安靜的圖書館，第二個則是大聲播放音樂

的夜店。答案很明顯吧？意思就是，多巴胺分泌量比較大的那個人是因為經常處於更容易分泌多巴胺的環境中。這並不是基因的影響，而是他更常創造了這樣的情境，讓多巴胺大量釋放。所以待在夜店的人，當然會比待在圖書館的人更容易移情別戀。

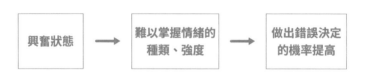

心理學界從很久以前就強調過一句話：「在興奮狀態下做的決定，常常會令人後悔。」人在興奮的時候很難準確掌握自己的情緒，也因此做出錯誤決定的機率會非常高。容易移情別戀，也屬於錯誤決定的一種。

容易移情別戀背後的心理本質

容易移情別戀，表示自己並不信任自己的感覺。有很多容易移情別戀的人其實並不信任或不了解自己的感受。即使這麼做會讓自己置身在十分複雜的情況中，他們依然會選擇移情別戀。其實不僅面對人的時候是這樣，如果在選擇物品

時也常常拿不定主意，或是東張西望、猶豫不決的話，這也屬於同一種概念。因為他們不知道自己真正喜歡的是什麼，也不信任這些感受，所以他們會想幫自己保留可以反悔或改變決定的空間。

這類型的人應該多花一點時間深入了解自己的感受，然而他們非但沒有這麼做，反而還讓自己陷入更為複雜的情況，在各種矛盾中惹出更多麻煩。而且，當人處在混亂和忙碌的環境中時會更想要追求刺激。這就和人在嘈雜的地方吃飯，通常想吃得更鹹、更甜，或吃更具刺激性的食物是一樣的道理。假如讓自己暴露在這樣的環境下，人就會想尋求更禁忌、更刺激的事物。

觀察經常移情別戀的人會發現，他們大多都有著難以控制衝動的共通點，這個現象又稱為「衝動控制障礙」。這種個性是怎麼形成的呢？這是因為他們從小就很少置身在能夠控制衝動的一個適當且穩定環境裡。像是在父母都是完美主義者的家庭中成長、或從小就必須承受龐大壓力的孩子，更有可能形成衝動控制障礙的問題。這兩種狀況都可以從同一角度來看：由於孩子沒有時間獨立思考並整理自己的情緒，所以他們會因此無法控制自己的衝動，從而做出錯誤的行為。

衝動控制障礙（Impulse Control Disorder）

　　一種當人們試圖控制可能傷害自己或他人的衝動或誘惑時，反覆經歷失敗而形成的心理疾病，其特徵類似於強迫症或成癮問題。大多數有衝動控制障礙的人不會感覺到自己患有這項疾病，而且還會表現強烈懷疑或攻擊性（暴力）的行為。為了緩解因衝動而增加的緊張感，他們可能會表現出過當的攻擊性及破壞性行為，這點也讓他們在和他人建立關係時容易遇到困難。

如何辨識出容易移情別戀的人

　　還有一個特點是容易移情別戀的人都會有的，那就是當快要出現吵架或爭執的時候，他們會試圖避免發生衝突。他們會試著迴避、像條滑溜溜的蛇一樣悄悄翻牆逃走，而不願意直接面對問題並嘗試解決。在雙方的感情問題還沒有解決的階段，假如因為害怕發生衝突而逃避，最終只會讓雙方鬱悶又緊張的情緒日益增加。

　　不喜歡發生衝突的人，他們心中最重要的價值觀是「圓滑」。一般來說，不容易和別人起衝突的人都被認為是個性圓滑的人。但其實很多容易移情別戀的人都很圓滑，所以經

常會聽到別人說他們是「寬厚隨和」的人。

　　這並不代表我們應該要為了每一件事情和對方爭吵。只是有時候為了協調彼此的觀點或解開誤會，確實會需要經過一番爭執。要是在這樣的情況下，只是一味逃避問題、敷衍帶過而不加以解決，那麼這種人未來移情別戀的機率就會很高。

　　相對來說，如果觀察到對方經常因為一些很瑣碎的小事和別人發生衝突，就需要懷疑另一種可能性，因為這可能代表他是一個偏執的人。實際上偏執的人往往不害怕衝突，而且他們更希望能追根究柢找出事情的結果，而不是在適當的時候予以妥協。

　　懂得在該避免時避開不必要的衝突、在該專注時集中注意力的人，是最知道如何找出「適度」這條分界線的人。儘管要辨識、區分並不容易，但萬一在初次見面時對方就表現出過於極端的行為，就可以推測對方有可能是這兩種情形的其中之一。

　　還有另一種狀況，有些人不會移情別戀，卻想和每個人都建立起良好的關係。他們渴望被所有人喜愛，甚至無法忍受有人不關心他們。這也是一種無法專注在自己身上的狀

況。因為無法把注意力聚焦在自己身上的人，終究會過於關心別人的看法。所以這類型的人也需要回頭檢視一下，自己是否花了足夠的時間專注在自己身上。

萬一我的對象是容易移情別戀的人該怎麼辦？

萬一發現自己的對象很容易移情別戀，我們該怎麼辦呢？更讓人苦惱的是，如果真的不想和他分手，我們又該怎麼做呢？容易移情別戀的人往往都有著很強烈的接近動機，他們會為了獲得某些好處、也就是為了更接近那些好處，而非常努力地去追求。

面對這種只有接近動機強烈的人，我們需要給他們一點壓力，用責任規範他們。我們可以透過「我相信你，所以我希望你能做好」這種基於信任的溝通方式來與他們互動。讓具有接近動機的人產生責任感的關鍵就是「信任」。獲得信任可以讓人對自己感到驕傲、覺得自己很體面，因此我們要先向他表現出我們的信任。要是在我們這麼做之後，他仍然選擇背叛這份信任的話，可能就必須放棄這段關係。

相反地，如果是我的對象太偏執時，該怎麼辦呢？接近的反義詞是逃避，對吧？這類型的人為了脫離或逃避某些壞

處，就會出現相當強烈的逃避動機。對於偏執的人而言，信守承諾是非常重要的事，他們對規則同樣也非常敏感。事實上，他們會制訂許多規則，像是：「不可以這樣做」、「不可以那樣做」、或是「在這種情況下要這樣做」等等，讓他們的伴侶或對象十分困擾。

接近動機	逃避動機
為了獲得某些好處、也就是為了更接近那些好處而非常努力地做某些事	為了脫離或逃避某些壞處而非常努力地讓人做某些事

對他們說「我相信你以後不會再這樣了」這種話是沒有意義的。不過，我們可以建立一些相反的規則。例如，要求「在這種情況下不能說出這種話」、或是「在那種情況下不能盯著別人看」之類的規則，讓他們可以遵守。然而，多數人在處理這兩種類型的人往往都反著做，要求習慣性劈腿的人必須遵守承諾，面對偏執的人時則會再給他一次機會，所以這些做法幾乎沒有任何效果。

儘管我們付出了許多努力，萬一對象依舊沒有任何改

變，那麼我們就應該要懂得放棄並分手。我們還愛著對方，所以試著針對他們容易移情別戀、或過度偏執的需求運用了適合他們的溝通方式，但假如他們仍然沒有任何改變的話，那麼這時候我們就必須清楚明白：結束這段關係才是明智的選擇。

容易移情別戀的人 → 增加負擔

過度偏執的人 → 利用反規則

　　近來在心理學的領域裡，其中一個廣泛研究的主題就是真誠。從字面上來看，真誠的定義是指「真實且正直的性情」。但「真誠」在心理學中的定義稍微不太一樣，它指的是展現出自己真實的一面，讓自己覺得放鬆的同時也讓對方感到放鬆。

　　喜歡移情別戀的人，他們往往會為了贏得別人的心而不得不展現出虛偽、不真實的一面。時間一久，他們就會逐漸感到沮喪和不安。當然，他們的人際關係也會受到影響。就

像一個喜歡韓國料理的人，卻為了迎合對方的喜好都只吃西餐，時間久了，他會變得非常辛苦。

然而，要是有一天他誠實地告訴對方：「其實我真的很喜歡韓國料理。」而對方也接受他的意見，表示：「那麼我們輪流一次吃西餐，一次吃韓國料理吧！我也喜歡試試韓國料理。」這樣的交談就是真誠的關係和真誠的對話。

如果光是為了贏得別人的心而勉強自己吃西餐，這段關係留下的又會是什麼呢？他們很可能會無法對這段關係感到滿足，然後逼著自己不得不再去尋找其他的關係。

展現出自己真實的一面，並全心全意地對待願意接受自己的對方，這一點比任何事情都更加重要。我們不應該忘記：唯有我們表現出真誠的一面，才能讓身心靈都維持一個健康的關係。

該用何種態度
面對習慣性遲到的人

#時間性前瞻記憶

#間隔

#樂觀偏誤

　　什麼樣的行為，會讓你在還沒見到對方之前就對他留下深刻的壞印象？答案是：遲到。不論你和對方認識了很久或第一次見面，如果總是遲到，那麼給人的印象一定不會太好。

　　有些人不只會偶爾遲到，而是幾乎每次都遲到，習慣成自然。像是上班總是遲到五分鐘的同事、和我們約好時間卻每次都遲到十五分鐘的朋友，還有甚至忘記我們有約的另一半。明明只要提早五分鐘出門就能解決的問題，他們卻每次都遲到；他們每次都對自己的遲到很抱歉，但下次還是會遲到。這些每次一定會遲到的「習慣性遲到者」，他們的心理狀態究竟是怎麼一回事呢？

為什麼他會一直遲到？

美國華盛頓大學的研究團隊針對經常遲到的人，在美國心理學期刊《今日心理學》（*Psychology Today*）上發表了一篇相關論文。研究團隊設定了一定的時間，並交代實驗參與者一些特定的任務，像是拼拼圖或瀏覽臉書動態等等，這些都是很容易讓人忘記時間的事。然後，研究人員會確認參與者是否遵守了時間限制。

研究團隊提出了一個概念，就是「時間性前瞻記憶」（time-based prospective memory），這指的是人對未來應該要做的事情的記憶，例如和朋友約會、或是需要完成的事情順序。有些心理學家也稱之為「前瞻性記憶」（prospect memory, prospective memory）。

研究實驗結果顯示，時間性前瞻記憶力比較好的人會比不好的人更擅長遵守時間限制。換句話說，那些每次遲到的人，在記憶未來的計畫這方面不出色，對他們而言，想要遵守事情的順序是一件相當困難的事。這點告訴我們，不只記得世宗大王什麼時候創造韓文的記憶很重要，記得「下週二中午十二點必須去一趟超市」這種對未來的前瞻性記憶，在人類記憶系統中同樣也非常重要。

靈活運用時間的能力 WIN

「時間性前瞻記憶」　　　　「時間性前瞻記憶」
很強的人　　　　　　　　　很弱的人

　　觀察生活周遭習慣性遲到的人，大致可分為兩類。第一種是每次都剛好遲到五到十五分鐘的人，第二種則是每次都遲到，而且不確定會遲到多久的人。以下我們將會探討這兩種類型的人，每次都遲到的原因。

每次只遲到固定時間的人特點

　　每次都剛好遲到固定時間的人，會在自己設定的時間範圍內遲到，所以他們其實知道自己什麼時候會到。也就是說，他們知道抵達約會地點需要花費多少時間。那為什麼他們還是會遲到呢？

　　通常我們在評估約定的時間時，會設定一個時間範圍。比如說，約好了三點的時間，而抵達約定地點需要大約一個

小時，那麼應該要在一點半到兩點之間出發，這樣就不會遲到。但是那些每次都剛好遲到固定時間的人，會等到快接近兩點的時候，也就是等到最後一刻才出發。這類型的人做其他事情時，也經常會等到最後的截止日期快要到了才開始行動。這也是一種習慣，而且是非常不好的習慣。

　　煮泡麵時，要把泡麵和湯包倒入滾水中煮三分鐘，這時候很少會有人用碼表來計時。一般人的想法是：「現在是十五分，所以應該要煮到十八分。」不過這樣就會很容易出錯。相反地，觀察那些能夠煮出美味泡麵的人，他們不會非常嚴格地遵循食譜上所寫的時間，而是會不斷觀察煮的過程，偶爾試吃一下麵條、試試味道鹹淡。就算三分鐘還沒到，只要他們覺得已經煮好了，就會把火關掉。

　　約定時間也是一樣的。當我們心想，「哎呀，現在該走了。」然後才匆忙出門的話，基本上都會遲到。原本應該在一點半到兩點之間出發，萬一中途沒有檢查時間，直到最後一刻才看時鐘的話，就必須趕著出門。相反地，那些記得約定時間並記得中途確認的人，通常不會遲到。

　　這類的習慣性遲到者還有另一個通病，也就是當預定的出發時間快要到時，他們都會忙著做其他事情。觀察他們的日程安排會發現，無論是心裡想的還是寫在日記上，他們到

一點半之前都有其他事情要做。他們必須先做完那件事再出
發前往約會地點，中間也沒有另外預留準備的時間。像這樣
把自己的行程完全塞滿的人，剛好遲到固定時間的可能性就
會特別高。

沒有預留準備時間

　　行程和行程之間都需要一定的空閒時間，這又稱為「間
隔」（term），除了實際的移動時間之外，我們也需要心理
上的移動時間。畢竟在完成某項工作後，立刻緊接著開始處
理另一件完全不同的工作並不容易。總而言之，這種習慣會
持續累積，讓一個人逐漸變成經常遲到固定時間的「習慣性
遲到者」。

每次都遲到，而且不確定會遲到多久的人的特點

這類型的習慣性遲到者比第一種的問題嚴重，不但每次都遲到，還無法預測他們會遲到多久。這些人可能極度缺乏、或是根本不具備前面提到的「時間性前瞻記憶」能力。擁有這樣特質的人一旦專注在某件事情上，就會看不見其他事物。

其實這類型的人可能極度以自我為中心。沒有人會單獨和自己約定時間，而不斷忘記和別人共同做的約定，就表示他們往往只在意並專注於自己的事情，甚至經常因此照顧不了別人的感受。

先不考慮個人性格和狀態，每次都遲到的人還有另一種心理狀態。很遺憾地必須老實說，這樣的人並不認為約定或聚會很重要。都已經不重視了，又怎麼能記得並準時參加呢？當然也有狀況不同的時候。如果這是他們喜歡的工作，不想因為遲到而被批評的話，那麼他們當然會一直想著這份工作，而且也不會遲到。然而，每次都遲到的人就算很喜歡一場聚會、覺得很有趣，但只要這不是他們必須負責的工作，或是他們和一起參加聚會的人關係親近而不害怕被批評責罵的話，他就還是會遲到。

就結論來看，每次都遲到的人可能會在他們的潛意識中，認為那個約定或聚會即使遲到了也沒關係。

為什麼住得近的人更容易遲到？

還有一種遲到類型，雖然還沒有實際上的科學統計，不過在日常生活中卻經常碰到，那就是住得近的人更容易遲到。各位是不是經常看到住在學校對面的同學、或住在公司附近的同事遲到？而且他們通常都只遲到五到十分鐘，甚至只遲到兩三分鐘。

這些人有一個共通點，無論是移動的距離還是所需的時間，他們都只會記住最短的距離或最少的時間，並根據這項資訊行動。假設某人認為從家裡到學校或公司的移動時間大約是十分鐘，那麼這十分鐘很可能是他過去到現在數百次、數千次的上學或上班經驗中，出現過最短的移動時間。這又被稱為「樂觀偏誤」。

或許有人會反問，樂觀不是一件很好的事嗎？但積極和樂觀是不太一樣的。如果我們認為：即使發生了不好的事情，但只要付出努力好好管理，還是可以得到好的結果。這就屬於積極正向。然而過度樂觀，卻可能讓人偏往不切實際的方

向並否定現實。

　　不論是學校還是公司，如果距離很近，就有更高的機率出現不可控的變數，相對也會增加發生樂觀偏誤的機率，所以住得近的人反而更容易遲到。因此，儘管住在公司（或學校）附近，還是像吃飯一樣習慣遲到的人，可以試著記住之前曾經急得滿頭大汗、歷時最久的上班（或上學）時間，並且寫在便條紙上或貼在明顯的地方提醒自己，這會有很大的幫助。

樂觀者的對話方式	積極者的對話方式
「雖然這次的成績不理想，但下次一定會進步的！」	「雖然這次的成績不理想，但只要努力念書，下次一定會進步的！」

無論是誰，都不會和遲到的人討論未來

　　前面的章節提供了許多方法，讓我們了解如何面對各種難以理解的人，不過對於每次都遲到的人，我們很難幫得上忙。儘管我們可以試圖了解並理解他們為什麼會遲到，可是要想改變他們的行為卻很困難。

如果已經和某個人共同相處了十年、二十年，我們不太可能因為對方經常遲到或不遵守約定，就和對方斷絕關係。不過我們對他的評價和期待就會扣分，心裡也會出現一條明確的分界線，劃分出準時赴約的人和每次都遲到的人。就像是在商場上，大家不會和經常遲到的人進行重要交易一樣。雖然大家可能不會激動地抱怨：「你為什麼一直遲到？」但在他們的潛意識裡，都已經決定不會和這樣的人討論未來、或一起進行重要的工作。

正向心理學（Positive Psychology）之父，同時也是《真實的快樂》（Authentic Happiness）一書的作者[8] 馬汀・塞利格曼（Martin Seligman）近年的一本著作是《前瞻性人類》（Homo Prospectus）[9]。英文書名的 Prospectus 包含了「展望」、「討論未來」的意思，所以可以翻譯為「前瞻性人類」。有時和某個人之間的對話，會定義我們和對方兩人之間的關係，就像是即將分手的情侶不會一起談論未來一樣。

8　《Authentic Happiness》一書在韓文版書名翻譯為《긍정 심리학》（正向心理學），但台灣同名書籍《正向心理學》（Positive Psychology）一書的作者為 Alan Carr，並非馬汀・塞利格曼。考量到作者提及正向心理學的用意，及台韓間書名落差，此處將兩部分的頭銜一併放入。

9　《Homo Prospectus》一書尚未在台出版，東海大學通識課程將本書翻為《計劃人》，但此處為呼應前文的「前瞻記憶」（prospect memory），此處翻譯為《前瞻性人類》。

當我們和某個人的關係變得更加緊密時，就會開始討論未來，例如：「以後我們這樣做吧。」、或是「下次我們一定要一起做這件事。」但有趣的是，我們幾乎不會和那些每次都遲到的人討論這些內容。假如我們自己就是那個每次遲到的人，那就表示我們身旁的人所預見的未來中，會生活在「沒有我們的世界」、「不需要考慮到我們的世界」。如果我們是一個習慣性遲到者的話，務必將這點銘記在心。

遲到之後的處理比遲到本身更重要

雖然我們一直在談論遲到有多麼糟糕，但實際上，有誰能做到一輩子從不遲到呢？從來不在任何約定中遲到，幾乎是不可能的。就算我們盡力想要準時赴約，但有時不免會出現意外，延誤了行程。一旦遲到了，務必要提前聯絡對方並告訴他現況。

如果有人每次都遲到，我們會感到生氣是因為覺得他並不重視我們之間的約定。這時提前通知對方原因，以及會遲到多久就很重要，因為這表示遲到的人非常重視這個約定，也為自己的遲到表示歉意。

事實上，有很多習慣性遲到者即使遲到了也不會道歉。

道歉時應該要真誠地看著對方的眼睛，但有些人卻會邊走邊看著地面說：「對不起，我遲到了。」這麼做是沒辦法表現出誠意的。

正如之前提到的，周圍的人們之所以對遲到者那麼生氣，絕大部分的原因是他們認為這些人不夠重視約定或聚會。所以只要有機會，我們都需要展現出自己有多麼重視這次的約定，以及有多麼期待這次的見面。

要是我們真的很珍惜某段友誼，但是和對方約好之後他卻每次遲到，讓我們感到非常難過的話，又該怎麼辦呢？我們可以試著問他：「我們十年之後會變得怎麼樣呢？」聊到各式各樣的話題，最後再直接地對那位總是遲到的朋友說：「那時候你應該還是會每次都遲到十分鐘吧。我猜你會跟現在一樣繼續遲到。」藉此暗示他未來在這方面可能不會有什麼好的改變。如果那位朋友也很珍惜這段友誼，可能會有所體會。

相反地，如果我們自己就是那種經常遲到的人，那麼千萬不要輕忽這個壞習慣，希望我們可以重新回想前面提到的內容，並仔細思考該怎麼調整。

◆

關於很難理解的
心理類型

為什麼需要
遠離自戀型人格的人

#自戀

#馬基維利主義

#反社會人格障礙

#情感轉移

　　活在世上，難免會遇到壞人，然而，並不是只有做出違法行為的人，和犯了謀殺等重罪的罪犯才是壞人。那些在心理上讓人深感無力、疲憊並狡猾利用這點的人也是壞人。會被分類為壞人的反社會人格障礙者，大致可以分成三種類型：心理病態患者（psychopath）、社會病態患者（sociopath），以及自戀型人格的人。

一般大眾或多或少都聽過心理病態患者和社會病態患者,對自戀型人格可能比較陌生。也許有人會認為:「他們不就是非常愛自己、喜歡對著鏡子陶醉其中的人嗎?這樣的人應該不壞吧?聽起來還不錯啊。」不過,事實上自戀型人格的危險程度並不亞於心理病態患者或社會病態患者。

在心理學中,自戀型人格是指超越了一般的自我喜愛、只關注自己的人。跟這類型的人相處時,他們會營造出令人窒息的氛圍,並一步步摧毀身邊的人。如果可以繞道避開,請務必遠離他們;要是目前經常往來,會建議盡可能終止這段關係,危險程度名列第一的就是這些自戀型人格的人。那麼,自戀型人格的人為什麼如此危險呢?

身邊有自戀型人格者,為什麼要遠離?

自戀(narcissism),和心裡完全不會出現任何罪惡感及情緒的心理病態患者,以及渴望隨己意控制他人的馬基維利主義(machiavellianism)並列,被視為三大人格障礙。自戀患者的特徵是認為:「只有我最出色,其他人都不算什麼。」自戀型人格完全不會自我省察,也因為他們不會自我省察,

導致他們總是認為自己看起來最亮眼，只認定自己最優秀，完全不懂得如何體諒別人。

　　單從上述的內容就可以看出，自戀型人格在個性上和心理病態患者或社會病態患者非常類似；然而，有個原因讓他們比心理病態患者和社會病態患者更加危險。因為，心理病態患者和社會病態患者在顯露出極端的反社會人格時，很可能犯罪，但自戀型人格的人處於犯罪前一步。也就是說，這類型的人不是罪犯、不會被隔離，可以正常在街上自由行走，這也造成大家更容易陷入自戀型人格的人所設下的陷阱。近年來，心理學界對自戀型人格的研究格外關注，這也證明了有許多人都因自戀型人格的人深感無力或受到傷害。

　　當我們身旁有自戀型人格的人時，為什麼一定要和他們保持距離呢？有一個非常重要的原因。一般懂得自我肯定的人，在和同事合作共同取得一個很好的成果時會認為：「因為我周遭有很多優秀的人，所以這次才能表現得很好。」相反地，時常比較、認為自己必須最出眾的自戀型人格者則會認為：「周遭的人都不如我，是我自己做得很好，才能有這麼好的結果。」

自戀與馬基維利主義

自戀這個詞，源於希臘神話中美少年納西瑟斯（Narcissus）的故事，是一種自戀型人格障礙。擁有這種人格特質的人會認為自己比其他人更為特殊、優越，缺乏同理心，並且渴望被崇拜。

馬基維利主義源於馬基維利（Machiavelli）的著作《君王論》（Il Principe），描述一種為了達到自己的目的而不擇手段的個性。這類型的人會將別人視為工具，擅於欺騙和操縱，而且無視道德和倫理的規範。

自戀型人格的人想要獲得成就感，必須滿足以下兩個條件：第一，他們必須覺得自己做得很好；其次，其他人必須做得不好。因此，他們會將周遭人的成就當成是對自己地位和位置的威脅。當然，我們有時候也可能會因為親戚買了一塊地而覺得羨慕，但是這些自戀型人格的人更極端，只有當親戚失去了土地的時候他們才會覺得快樂。他們的生活多麼有攻擊性呢？假如別人得到了某個東西，他們就會認為別人是從自己這裡搶走的，所以他們必須阻止他人的好運才能感到滿足。

自戀型人格的人自己會有情緒變化，但他們很難理解別人的情緒。一旦有人試圖向他們表達自己的情緒時，他們會完全無法產生共鳴。我們和自戀型人格的人爭吵完也會覺得毫無意義，因為彼此之間根本沒辦法溝通。他們只認為自己的情緒最重要，所有和他們立場相反的人都是壞人，而且他們還會非常努力地影響周圍的輿論，試圖把對方描述成一個壞人。

除此之外，通常這類型的人都有一個虛假的內心世界。難為情、羞愧、悲傷等，是人在生活中自然而然會感受到的情緒，可是擁有自戀型人格的人，會盡全力避免讓自己接收到這些情緒。

因此當他們碰到其他人會感到尷尬或難為情的狀況時，他們反而會表現出極端的樣子，不僅不感到羞愧，反而會生氣大怒。因為對自戀型人格的人而言，「對不起」或「很抱歉發生了這種事」之類的話，看起來就像是失敗者的辯解或自白。

自戀型人格的特點

- 他們過度放大自己的重要性。
- 總是想從別人身上獲得稱讚和誇獎。
- 不會自我省察。
- 為了讓自己看起來更為顯眼，會把周遭的人當作跟班。
- 認為自己的問題很特殊，會牽涉到地位崇高的特定人物（或機構）。
- 如果有人批評或不喜歡他們，他們會認為對方是出於嫉妒。
- 他們會利用別人達到自己的目的。
- 把所有和他們立場相反的人都視為壞人。

自戀型人格最喜歡的「獵物」

如果我們身邊有這種自戀型人格的人，應該如何分辨呢？要是感覺到對方不斷地使喚我們當他的跟班，那麼我們就可以初步懷疑對方可能是自戀型人格。

帶朋友參加自己熟悉的聚會時，通常我們會怎麼做呢？因為這個場合我們很熟悉，對朋友來說卻是一個陌生的地方，所以一般人都會對朋友多加照顧、向其他人介紹朋友，

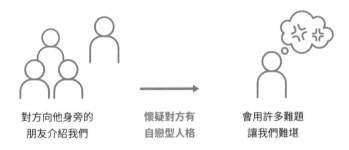

對方向他身旁的
朋友介紹我們

懷疑對方有
自戀型人格

會用許多難題
讓我們難堪

並試著讓朋友有更多機會可以參與對話。但是自戀型人格的人會選擇按兵不動，反而相當享受這種情況，因為這會讓他們看起來格外出眾。

　　要是只做到這樣，那麼他只是手段不太高明的自戀型人格。技巧更純熟的自戀型人格會介紹他的朋友給其他人認識，並和大家一同交談。只是他們會引導大家詢問朋友一些很難回答、或是會讓朋友覺得尷尬的問題，讓朋友看起來像是個笨拙的跟班，藉此凸顯自己。

　　當然，有時候我們的確也可能因為特殊目的，而需要在某些人面前有所表現。不過要是在沒有利害關係的情況下，他們依然在各個場合中不懂得體諒、一直讓我們變成他的跟班，那麼他很有可能就是一個自戀型人格的人。

美國著名研究自戀議題的專家妮娜・布朗（Nina Brown），同時也是《毀滅性自戀模式》（*The Destructive Narcissistic Pattern*）一書的作者提到：「有一種人特別容易被自戀型人格擁有者的情感轉移作用所影響。」這些容易受到自戀型人格擁有者的負面情緒影響的人，通常沒有辦法忽視別人的情緒，而且在與人溝通時，也能夠讀懂對方非語言訊息的情緒表達。換句話說，他們是同理心很強的人。

　　具備高度同理心的人，甚至很能理解自戀型人格者的情緒，也因此，他們可能更容易受自戀型人格者的操控。即使他們並沒有自戀型人格，仍然會有很高的機率受到身旁自戀型人格者的影響，從而產生錯誤的價值觀。

　　平時最好是能避開自戀型人格者，不過，若是因為工作緣故必須有所接觸的話，又該怎麼辦呢？在這種情況下，我們會需要接觸更多不同類型的人，也就是立場和那個人完全不同、或是相反的人。透過聽取不同的觀點，中和我們的想法並達到另一個心理平衡。

　　唯有這麼做，才能讓我們避免對那個人扭曲的想法或欲望產生共鳴。這也是為什麼需要和各種不同的人往來的重要性。藉由遇見不同的人、接觸到更多元且不同的價值觀時，才能減少自己被特定傾向的人傷害的風險。

父母的錯誤稱讚造就出自戀型人格

形成自戀型人格的最主要因素，是什麼呢？答案是父母。自戀型人格是由於父母錯誤的教養方式形成的。到目前為止，還沒有研究結果指出，自戀型人格是因為遺傳因素造成。荷蘭阿姆斯特丹大學教授艾迪‧布魯默爾曼（Eddie Brummelman）的研究顯示，父母過度的稱讚會讓孩子變得自戀，這項結果引起學界莫大的關注。布魯默爾曼認為，不該因為做到了一件小事而給予過度的稱讚。

要是孩子做出了符合那個年齡應該做到的事，卻稱讚他「做得好」，這就是過度稱讚。假設一般正常的稱讚等級是十分的話，那麼自戀型人格的人就會需要一百分的稱讚。他們只有收到一百分的稱讚時，才會覺得自己被稱讚了，所以他們也會為了讓自己得到一百分，而刻意使旁人的狀態降低到負九十分。

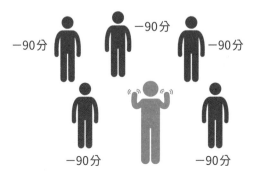

　　如果我們不想讓自己的孩子養成自戀型人格，就應該適當地給予適度的稱讚，而且也應該要避免說出帶有比較的稱讚。例如，「你得到了好成績，媽媽很開心」是好的稱讚；然而，「你的分數比○○高，媽媽很開心」，這就屬於不好的稱讚。

　　我小的時候，有一個朋友只有在比某個特定的同學得到更高的排名，才會得到稱讚，後來那個朋友成了一個極度自戀的人。他最常對周遭朋友說的話就是「你們這群笨蛋」，甚至後來少有機會這樣說時，都令他感到痛苦。於是他開始只和那些不如自己的人往來，並且始終保持叫他們「笨蛋」的習慣。他變成一個會貶低身旁值得學習的朋友的人。

　　為了不讓孩子養成自戀型人格，還有另一件事需要注意。那就是要讓孩子能夠真正地感受並好好表達出像是難為情、羞愧和悲傷等負面情緒。通常自戀型人格者在感受到這些情緒時，他們的父母大多會責備他們是「軟弱的傢伙」或是「差勁的小鬼」，讓他們感到內疚。正是錯誤的稱讚，再加上說孩子很糟糕的批評，兩者相加形成了自戀型人格。

　　自戀型人格的人並非天生如此，還有可以改變的機會。但如果發現得太晚，想要改正就會需要耗費數倍的努力和時間。因此，如果在孩子年幼時發現他有這種傾向的話，父母

應該立刻幫忙導正。

　　萬一覺得自己擁有自戀型人格的話，我想建議你，現在就停止和其他人比較，全心全意地專注在自己身上吧。我們生活的世界並不是一場別人得到的愈多，我們得到的就愈少的零和遊戲（zero-sum game）。只要我們努力尋找，一定可以發現更多可以達成雙贏（win-win）的機會。

缺乏同理心，
就是反社會人格嗎？

#零同理心

#白熊效應

#人格障礙

　　沒有什麼比閒聊更能緩解壓力的了，對吧？但並不是所有的閒聊都讓我們樂在其中。有時，和某些人談話時，會升起一種奇怪的感覺，彼此之間好像沒辦法用言語溝通，對方明明回應了我們的話，我們卻完全感受不到共鳴。通常雙方關係很親密時，會認為對方應該要記住某件事，但他們卻一點都不記得。或是有時候，我們很輕鬆地開始和對方閒聊，卻在某個時刻突然感覺像是所有能量都被抽空了一樣。而且，這些人非常不喜歡在談話中被忽略。他們為什麼會不願意聽我們說話，一天到晚只想說自己的事，在我們和別人談話時，又總是喜歡插話呢？

其實對方不是不願意同理，很有可能是沒辦法同理。聆聽別人說的話、給予並表達同理心，並不是一件容易的事情。反而因為是人，所以更難同理其他人。

和其他動物相比，人類原本就比較社會化。不過，我們還沒演化到能適應如此龐大的社會。如今，我們生活在一個非常複雜的社會裡。在人類數十萬年的歷史中，我們在這麼複雜又龐大的社會中生活了多久呢？綜觀整個歷史，可能連0.1%都不到。

從前，我們不僅接觸到的人數有限，而且彼此見面時，或多或少都知道對方的出身和成長背景。可是現在，我們不但會遇到各式各樣的人，加上有很多時候是在什麼都不了解的情況下就和對方見面的，我們怎麼可能輕鬆地表達出同理心呢？同理也必須建立在了解的基礎上。也就是說，在同理某人的話之前，我們需要先知道和對方有關的各種資訊。而我們也需要和那個人相處了一段時間之後，才能真正運用這些資訊。

從前
有限的接觸
能夠了解對方的出身
和成長背景

現在
多樣的接觸
事前沒有任何資訊

　　全世界的每位先生都知道一件事：不管怎麼隱瞞，只要一回家，謊言就會立刻被拆穿。為什麼太太們可以這麼快發現先生有所隱瞞呢？因為一起生活的時候，她們已經知道先生緊張或不安時會有什麼反應，也已經知道先生什麼時候會欺騙自己了。

　　假如對方並沒有太多關於我們的資訊、或是很難運用這些資訊，但我們在和對方交談時仍然可以感覺到自己被同理的話，這就意味著對方對我們有好感。至於面對那些不能同理我們的人，我們不該操心或抱怨對方：「為什麼他不能同理我的情緒呢？」反而應該看見對方願意仔細聽我們說話的這點，認為：「我真的要好好珍惜這段關係，畢竟對方遇到困難卻還是試著想要同理我。」萬一對方並不是真心地想同

理，只是假裝同理我們呢？那也可能只是因為他對我們有一定程度的好感罷了。

　　反過來說，要是我們和對方交談了很長一段時間，他絲毫沒有同理我們，就表示這個人對我們沒有好感，或是不想和我們成為親密的朋友。即使如此，我們也沒有必要討厭對方。就像我們沒辦法喜歡每個人一樣，不是每個人都會喜歡我們。只要認為我們和他沒有緣分，彼此保持適當的距離就好了。

無法同理他人，就是反社會人格的社會病態患者嗎？

　　不過，這裡有一個例外。面對這種例外情況，我們不只需要適度保持距離，更應該完全遠離他。這個例外就是那些沒辦法同理任何人，甚至根本不想試著同理別人的人。因為這樣的行為，正是反社會人格的社會病態患者，最主要且最明顯的特點。

　　社會病態患者會表現出這種特性的主要原因，是他們覺得時間寶貴。事實上，社會病態患者的所有行為都可以從「看待時間」的角度來解釋。他們極度討厭花時間在其他人身上，我們可能會以為他們「覺得同理是件浪費時間的事」，

然而，並不是這樣。他們只是覺得時間很寶貴而已，因此他們不喜歡同理，也不喜歡分享，當然更不會花時間說出體諒別人的話。

他們之所以不能同理別人，是因為他們不願意花時間提問和回答。連聽這些內容，他們也覺得浪費時間。他們只想談論自己的事，而且認為自己是最辛苦的人。

那麼，他們為什麼會一直想要加入別人的談話呢？這是為了掩飾他們和其他人的不同。在社會上很活躍、擁有社會病態患者特質的人，往往對權力的動向非常感興趣，而且會極力避免讓自己成為少數方。

這一點，也正是心理病態患者和社會病態患者之間的重要區別。心理病態患者是由於先天原因產生的，而社會病態患者大部分都是由於成長環境或社會環境造成的。心理病態患者天生帶有衝動、隨性的特質，也感受不到恐懼的情緒，所以他們很容易被旁人察覺。反之，社會病態患者在出生時和大家一樣、並沒有任何異常，只是因為幼年時期經歷社會和環境的缺失，才導致他們出現了這樣的人格障礙。因此，他們可以並懂得隱藏自己，這也是社會病態患者更可怕的原因。

出生時一切正常　　　　　成長過程中受到後天因素
　　　　　　　　　　　　影響，出現人格障礙

社會病態患者的特徵

　　不過，我們也不能因為在和某些人對話時對方完全沒有同理的跡象，就單憑這點斷定他們都是社會病態患者。在這種情況下，有一個方法可以判斷對方是不是社會病態患者，或是對方是否帶有社會病態患者的特質：那就是一起參加團體活動或研討會。在團體活動和研討會中，大家並不需要分秒必爭，每個人都同樣擁有相同的時間資源。

　　例如，大家約好各自買好東西、上午十點集合出發，有人卻直接說他一定會遲到，而且沒有任何原因。甚至當他真的遲到了，也不會向那些提早過來幫忙準備的人表示歉意，反而還會說：「你們真的是吃飽沒事做，那麼早到是要幹嘛？」

　　等大家到了目的地，一起相處、對話時，這類型的人只會談論自己的事，不會對別人的話產生任何共鳴。這樣的人，就是具有強烈社會病態患者特質的危險人物。

該如何和身邊的社會病態患者保持距離？

如果我們想和擁有強烈社會病態患者傾向的人保持距離，首先，要做的就是從通訊錄中刪除那個人的電話號碼。為什麼刪除電話號碼，這麼重要呢？

我們的大腦愈厭惡、害怕某件事，反而會記得愈清楚，曾經和對方相處的時間和對話也往往會束縛著我們。所以，當我們的手機上顯示對方號碼的瞬間，我們就會立刻變得很緊張。但要是他打來，我們的手機上沒有儲存他的名字，對方知道這個事實的時候會受到很大的打擊，而我們也會產生更多的自信。因為這等於是我們讓對方知道：他對我們而言，並不重要。有趣的是，社會病態患者看到自己的名字沒有被儲存在通訊錄時，也會認為「這個人很難被我利用」。

其次重要的是，我們需要有很多和那個人無關的、和其他人共同經歷的幸福的事。當我們試圖不去記得某件事情時，我們反而會一直記得它。就像當有人告訴我們：「絕對不要想到白熊！」結果從那一刻開始，不管我們在吃飯、洗澡、搭公車，甚至在睡覺時都會想到白熊。這就是著名的「白熊效應」（White Bear Effect），它顯示出觸發一個限制的框架時，反而更容易被大腦記住，也就是「思維抑制的反彈效應」。

在這種情況下，我們應該做其他事情來替代。當我們有很多幸福的事情時，才能用其他事情覆蓋這些不好的記憶。千萬不能讓對方的聯繫方式留在我們的手機上，因為社群媒體可能會跳出他的生日提醒、或他更改的個人資料照片，讓我們先前的努力變得徒勞無功。必須徹底刪除他的電話號碼和社群媒體，才不會發生這樣的事。請刪除他的所有聯繫方式，並和其他人擁有更多愉快的經驗吧。這樣那個人對我們的影響力，就會逐漸消失。

最後還有一個重點，絕對不要罵對方。當我們下定決心：「那個人真的太糟糕了，我絕對不要記住他！」這樣一來，我們反而會記得更清楚；罵他這件事也是一樣的道理。如果不想被自己說的話束縛就別罵他，而是應該去做其他美好的事。我們要讓那個人在我們的人生中，變得毫無意義。哪裡還有比根本不記得、也沒有必要提起的人更沒有意義的存在呢？這麼一來，我們就可以完全切斷和身邊社會病態患者之間的關係。

各位害怕遇到社會病態患者嗎？據說在大多數的文化中，每一百人當中就有四人是社會病態患者，我們生活中難免會遇到這樣的人。然而，不用太過擔心，雖然我們身邊可能有很多這樣的人，但是壞人會和壞人在一起、憂鬱的人會

和憂鬱的人在一起、開朗的人會和開朗的人在一起。儘管個性有其相對性，不過，擁有相似世界觀和價值觀的人還是會變得很親密。因此「我不同理他」，其實反過來說就是：「我們很難成為更親密的朋友」。

現代心理學觀察到，「物以類聚」是一個理所當然而且相當強烈的現象。如果你、我和我們都是善良又正直的人，慢慢地我們就會和更多這樣的人在一起，和社會病態患者成為朋友的可能性也會隨之降低。所以，別害怕我們身邊是不是存在著社會病態患者，而是應該努力讓自己成為一個更好的人，吸引更多的好人來到我們身邊。

匿名的殺人犯，
只出現在惡評者身上

#網路真面目
#電車難題
#自相矛盾
#暴力的快感

　　以前我們提到惡意評論的時候，通常認為這只會發生在知名人士身上。不過，近年來，隨著愈來愈多的一般人透過部落格、社群媒體、YouTube 頻道等途徑展現自己，遭受惡意評論的人群也隨之擴大。這些惡意留言者輕易地貶低別人的外貌、處境，甚至一股腦地寫出許多一般人根本不敢說出口的咒罵、或近乎詛咒的話。嚴重的時候，他們不只針對照片或影片中的主角，甚至還會把矛頭指向他們的家人或身邊的人。

　　和網路暴力相關的統計數字，每年都呈現出驚人的增長，現在已經達到了我們不能繼續坐視不管的地步。這些人和他們攻擊的對象並沒有特殊的恩怨，彼此甚至素不相識，他們到底為什麼要這麼做呢？

究竟為什麼要留下惡意評論呢？

下面會介紹一個實驗，藉此剖析惡評者的心理狀態。請各位聆聽說明之後，選擇下列兩個情境中的其中一項。

❶ 一列火車正朝向躺著五個人的軌道駛來，旁邊另一條軌道上躺著一個人。只要按下開關改變火車的軌道，就可以犧牲一個人拯救五個人的性命。

❷ 一列火車正朝向躺著五個人的軌道駛來，在那五個人前方站著一個人。只要把站在前面的人推下軌道、讓火車停下來，就可以拯救五個人的性命。

雖然，這兩種方法同樣都是犧牲一個人來拯救五個人的生命，然而，大多數的人對於這兩種情境的反應卻完全不同。這正是著名的「電車難題」（Trolley Dilemma）[10]，以及延伸的版本。

---

10 原書中 trolley dilemma 結合了「電車難題」（trolley problem）和「道德兩難」（moral dilemmas）兩個單詞，中文、英文並沒有使用這個合成詞。譯文保留原書內容，僅在此說明。

多數人會選擇像情境❶的方式改變軌道，因為這是不需要成為壞人就能做到的事。但是面對需要直接把人推下軌道的情境，一般人都很難立刻做出選擇，因為自己的手會沾上鮮血。

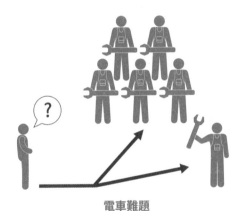

電車難題

向人們提出一個假設情境：有一列煞車失靈的火車在軌道上行駛，並要大家判斷是不是可以為了拯救「多數人」而犧牲「少數人」的問題。

　　惡評也是如此。要直接當著對方的面說出攻擊對方的惡意言論並不容易，因為會弄髒自己的嘴巴。可是相對地，當惡評有了鍵盤這個媒介之後，很多人就會輕鬆地認為這麼做也沒關係。換句話說，儘管這些惡評者並非毫不猶豫地選擇推人去死的社會病態患者或是壞人，但只要自己的手不會直

接沾染鮮血的話，他們就會覺得做出那些壞事也是可以的。所以，他們確實也可說是差勁的人。

這裡有個很重要的事實，其實就像想要改變火車軌道一樣，我們每個人都有寫下惡評的傾向。與此同時我們也有一顆制止這種行為的心，也就是憐憫或是同理心。而會留下惡評的人，在憐憫和同理等方面的能力上，可能比較薄弱。

最近，美國楊百翰大學（Brigham Young University）的研究團隊發現，這些惡評者在個性上有一些共同的特點，就是所謂的黑暗三角人格，包含自戀、馬基維利主義，還有心理病態的傾向。這些特點都與從別人的不幸或痛苦中尋找快樂的性質，也就是幸災樂禍（schadenfreude）有著密切關聯。意思是，這些惡評者是為了從別人的不幸和痛苦中獲得些許的快感和慰藉，才會選擇留下惡評。

當我們觀察網路上的惡評時，會發現這些惡評者每次留言的時候都會更改自己的年齡和職業。他們是出於什麼樣的心理，才會使用偽造的資料謾罵別人並引起他人之間的爭執呢？

惡評者通常喜歡挑撥離間。如果有人在他們面前互相爭吵，他們自然而然就可以擔任仲裁的角色。而他們也可以藉此獲得一種存在感和心理層面的權力，並從中得到慰藉。

讓人意外的是，在許多外表看起來很和善的人當中，也有很多喜歡留下惡評的人。這些知道自己不是真正有能力的人，會躲在網路的匿名空間中，巧妙地利用弱者的身分採取以權力為導向的姿態。這背後很可能是由於他們的自卑感所驅使的。

> **惡評者的自相矛盾**
>
> 　　對他人帶來傷害的惡評者往往缺乏自我肯定，心中充斥著不自信的想法或自卑情結。當惡評者看到自己發表的言論能夠影響其他人時，他們會從中感受到自我效能（self-efficacy），而且他們挑起他人之間的爭端之後，會以仲裁的人自居，藉此享受心理層面的權力。

惡評和打人，同樣都是暴力

　　惡評者最大的問題在於，他們認為自己沒有犯罪，因為沒有直接對人施暴。然而，這些惡評對於受到傷害的當事人來說，就像是被刀刺傷或是被毆打一樣痛苦。至少在大腦產生的反應是相同的。

　　研究人在受到惡評傷害時的大腦反應，會發現這些人經歷到的痛苦，和被刀刺傷或是被毆打時完全相同。換句話說，他們等於是受到了暴力傷害，甚至是被謀殺的程度。就像是有人蓄意用凶器傷害別人，讓受害者流血身亡一樣。從大腦作用的結果來看，惡評者也應該受到和暴力行兇的人同樣的懲罰。

　　更嚴重的是，不僅是接收到惡評的當事人，連帶看見那些惡評的很多非特定群體也可能成為受害者。即使那些辱罵並不是直接針對自己，但光是看見其他人受到惡評折磨的樣子，也有可能造成心理層面的傷害。

　　心理學中有一句很有名的話：「看著地獄裡的人，比身處地獄的當事人更痛苦。」儘管我們不是被惡評傷害的人，可是看見有人受到惡評的折磨時，我們也會連帶地感到痛苦。為什麼會如此呢？這證明了我們是正常的人。關於正常人的研究顯示，人不是只有在直接承受痛苦時會覺得難受，看著別人承受痛苦，也是一件相當困難且煎熬的事。

　　第二次世界大戰期間，希特勒無差別地對倫敦進行轟炸的時候，有一群人受到的折磨並不亞於那些遭到轟炸的人，那就是住在被轟炸地區附近的居民。他們雖然沒有受到身體上的傷害，卻飽受比創傷更嚴重的摧殘，這正是因為他們的

同理心和憐憫。因此，能夠感受同理和憐憫的普通人在看到別人為惡評所苦時，同樣也會感到煎熬。

我曾經寫過和惡評有關的論文，這些屬於不正常批評的惡評，一般分為兩種型態。一種是簡短的名詞，而且很明確；另外也有一些內容比較長的惡評，他們會用很長的篇幅訴說自己的故事，完全不關心事實真相是什麼。再說一次，如果覺得自己：「光是看到惡評別人的內容就讓我感到非常痛苦。為什麼會如此呢？」那是因為我們是正常人。

沒有所謂「正常」的惡評者

我們經常聽到有人說：揪出惡評者時，意外發現他是一個很正常的人。不過，我認為這樣的描述完全不正確。

判定「正常」的標準是什麼呢？可能是那個人的職業，以及他有沒有犯罪紀錄。然而，一個為了自己腦中的快感而發表惡評的人，難道可以說他是一個正常人嗎？我們不應該使用這種說法。在「正常」這個詞的背後包含了一個前提：「那個人本來並不是一個奇怪的人」。如果我們也覺得惡評是一種犯罪行為的話，那就絕不能說他是「正常」的。

從腦科學的角度來看，惡評者和傷害他人的罪犯是一樣

的。假如我們認為某人會傷害他人，就會開始尋找對方會這麼做的原因；但因為我們並不認為這樣的行為是犯罪，所以才會覺得這個人是正常的。當一個看似正常的人犯下謀殺案時，我們會盡可能地找出他的童年時期或人際關係上是不是發生了問題，那為什麼我們不這樣對待惡評者呢？要是我們曾經說過：「揪出對方之後發現他是一個正常人。」那麼，我們都需要深入地反思。

如果我的孩子正在留下惡評

有人因為惡評感到困擾時，人們都會說：「不要去看，為什麼要看那些惡評？」但這真的是一件這麼容易做到的事嗎？而且先不論這麼做是困難還是容易，不去看那些針對自己的惡評，這本身是不是一個不正常的反應呢？

我不敢肯定每個人都一定是這樣，不過一個正常的人碰到有人談論自己時，不可能不去留意對方說了什麼，因為人是具有社會性的存在。「社會性」，也意味著我們會關心自己在別人的眼中呈現什麼樣的面貌。所以想要查看留給自己的留言，這對於具有社交能力的我們來說，是再自然不過的本能。

據說，這些惡評者當中，也有不少年輕人。萬一發現自己的孩子留了惡評，這時，我們必須立刻做幾件事。

首先，我在這裡提出之前我在論文中所寫的一句話：「根據分析結果顯示，留下惡意評論的犯罪行為，有更高的比例是出現在人處於情緒化或情感波動劇烈的過程中。」

簡單來說，這句話的意思是留下惡評的人在不應該情緒化的時候變得情緒化。沒有情緒的人會被分類為心理病態患者，能感受到情緒卻缺乏憐憫的人則會被分類為社會病態患者。而相對地，如果對很小的事情都會爆發出激烈的情緒，就會被視為過度反應。

儘管並非所有惡評者都是如此，但其中大多數的人，都無法控制自己的情緒。舉個例子來說，假設現在的日光燈壞了，那麼只需要更換日光燈管就可以了。有些人卻會對此出現情緒化的反應：「啊，煩死了。為什麼要壞掉？」、「為什麼偏偏在這個時候壞掉？」惡評者成長的家庭環境，有很高的機率都會對一些小事情產生強烈的情緒反應。

惡評的另一個特點是，會使用非常多和身體狀況有關的詞彙，像是貶低對方外貌、身高，甚至皮膚、髮型等等的評論占了很大部分。這可能是因為惡評者在成長過程中經常聽

到別人貶低他們的外貌，他們也才同樣會對別人說出那樣的話。

　　在成長過程中被好好對待、受到尊重的孩子，在長大成人之後也會懂得好好對待並尊重別人。萬一發現自己的孩子正在留下惡評，我們應該這樣對他說：「對不起，我之前沒有給你足夠的尊重。我之前都沒有好好聆聽你的意見，還責罵你、傷害了你的自尊。從今天開始，讓我們更尊重彼此吧！」

　　最後想對留下惡評的人說一句話：留下惡評的這個記錄，將會永遠伴隨著你。科技正持續發展，也許現在還可以隱藏，可是到了未來的某一天，終究會無所遁形。我二十年前寫的論文，以前只能在圖書館的紙本書上看到，後來隨著書籍的電子化，現在每個人都可以輕鬆看到我的論文。就像過去的完美犯罪，在 DNA 分析技術發達的現在，卻能夠找出四十年前的犯人一樣，即使現在可以匿名，但過了十年後很有可能就不再是匿名了。因此在留下評論的當下，請務必要想到自己的長相和姓名都是會被公開的。

　　留下惡評的最大原因是由於「快感」。然而，這種快感的揮發性很強、持續時間非常短暫，慢慢地就會需要留下更強烈的惡評，才能讓大腦感受到之前有過的那種快感。暴力

的快感一定會伴隨耐受性和成癮現象，所以說的話必須愈來愈過分才能感受到和以前程度相當的暢快感，到最後就會不知不覺陷入無法自拔的境地。請記得，這些惡評最終都會化為一把揮舞的利刃，回到未來的自己身上。

關於很難理解的心理類型

無力感的人
所需要的東西

#專注困擾

#自我主導性

#倦怠症候群

　　當我們要做某些事的時候，是不是有一種人會讓我
們害怕和他一起合作呢？甚至會完全不想和這個人一起
做任何事。他看起來並不像身體生了什麼病，卻總是顯
得很疲憊、看起來有氣無力的。每次提議要一起做某件
事的時候，我們都要擔心是不是加重了他的疲憊程度，
即使那是對方應該要負責的事項，我們卻時常為此感到
抱歉。

　　事實上，如果是因為熬夜或身體狀態不好而變得
如此，這種情況可能會持續個一兩天或一段時間。可是
我們已經認識這個人十年了，而且他還是我們的公司同
事，無論什麼時候見到他，他看起來都很疲倦，不管做

什麼都充滿了無力感。其實受到了 COVID-19 的影響，有許多人都曾經歷過這種無力感。一直覺得很疲憊的人，做任何事情似乎都無法擺脫無力的狀態，這種心理到底是怎麼產生的呢？

我們會在何時、為何而感到無力呢？

人在什麼時候會感到無力呢？一般來說，當我們的預期和實際結果完全不符的時候，會瞬間覺得無力。還有儘管付出了努力，事情卻不順利、沒辦法按照我們的設想發展時，人就會變得無力。

我們常說，一個球隊在足球比賽中輸球時，進攻球員會生氣，防守球員則會感到無力。即使是同一場比賽，防守球員在心態上會比進攻球員更容易覺得疲憊。因為進攻球員可以依照自己的意志控制球，而防守球員卻必須根據對手攻擊的模式和方向來移動。所以相較於可以照自己想法移動的進攻球員來說，防守球員更容易感到無力。

如果某個人感到無力，不難推想，很可能是因為事情都沒有按照他的預期發展。例如跟朋友相處，要是朋友都不聽他的意見、只和其他朋友決定或進行某些事情，那麼他就很有可能會感到很無力。

然而，也有一些人是把無力的態度當作一種策略。就像有些人選擇發脾氣或變得神經質當成他們的生存策略一樣，有些人發現，自己深感無力、或是表現出無力的樣子可以為他們帶來好處，所以選擇了這個方法。舉例來說，假設運動員早早地表明自己很累，教練就會把他換下場；或是在職場上表現出無力感，主管就會減少他的工作量等等。

　　因此，單純因為某人看起來很無力，就讓他休息或從某件事情中退出的話，很可能造成不良的後果。當然，如果這種情況偶爾發生一兩次，可以給他時間充分休息並減少他的工作量。不過，我們現在討論的是那些總是感到無力的人。當有人聲稱自己很疲憊、感到無力時，我們需要確定他是真的已經耗盡所有能量，還是其實他只是想保留體力，假裝自己精疲力盡。

　　萬一是後者，我們應該交給他一項可以由他主導的工作。尤其是我們的朋友或相處很久的公司同事經常看起來很無力的話，比起減少他們的工作量，更好的方法反而是將他放在可以由他主導、下決策並產出結果的其他工作上。

　　要分辨一個人是真的精疲力盡而深感無力，還是雖有體力卻聲稱自己沒了力氣，並不容易。不過只要長時間觀察這個人，想必就能夠清楚看出他習慣上的差異。

為什麼無力感這麼可怕？

無力感可怕的最大原因，是無力感可以感染到全然不相關的事情上。假設在工作時從網路上看到一個人充滿無力感的照片或文章，即使那個人和我們身處完全不同的領域，我們還是會被這份無力感感染。而且，就連我們之後去做和這完全無關的事情時，這份無力感還是很有可能影響我們。

其中一位研究這種關聯性的學者，是荷蘭格羅寧根大學（University of Groningen）的龐圖斯・利安德（Pontus Leander）教授。他要學生們解開一個困難的推理問題，不過在進行解題之前，他用很短的時間讓學生們看了一張照片，A組的學生看到的是一個表情冷漠的人，而B組看到的則是一個正在努力工作的人。

平時學習成績優異的學生，不論看了哪一張照片，結果都沒有太大的差別。可是成績較低的學生，則根據他們預先看了哪張照片，分數有很大的差距。看到冷漠表情的照片之後，他們的分數明顯變低、解題的時間也明顯縮短，可以看出他們答題時的敷衍。

然而，透過進一步的實驗，他發現了一個更重要的事實。這次要回答的問題和成績好壞無關，只看他們的動機有

多強烈。接著，再將動機強烈和動機較弱的學生分成兩組，
進行了相同的實驗。

A 組
看見表情冷漠（無力感）的照片
→ 我不做了！（抗拒反應）

B 組
看見努力工作的照片
→ 我要專心！

　　動機較弱的學生這次同樣受到照片的影響，看到表情冷
漠的照片他們就馬虎解題；看到努力工作的照片他們就更加
專注地回答。但是反觀動機強烈的學生，卻呈現出完全相反
的趨勢。當他們看到表情冷漠的照片時，反而更努力地回答
問題，投入更多的時間思考。當然，他們的分數也更高。

　　光是在短時間內看到別人一張表情冷漠的照片，就足以
造成這種程度的影響，那麼，實際上看見團體裡的同事或周
遭的人表情冷漠時，又會如何呢？況且，無論是哪個團體，
並不是每一個成員都充滿熱忱和動力。尤其是這種無力感還

會感染給別人，降低了大家在工作或學習上的投入意願。當
無力感蔓延整個社會時，最糟糕的情況就是所有人都喪失了
這份專注和投入感。

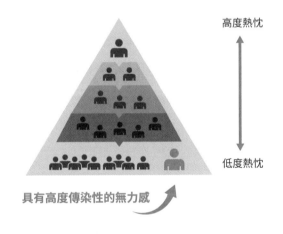

具有高度傳染性的無力感

然而，在我們的生活中，有些事情是絕對不能馬虎的，
像是和生命或安全有關的部分。如果社會普遍都充斥著無力
感的話，人們不再全心全意地去做應該要專心、投入的事，
那麼發生大型災難的可能性，也會隨之增加。

導致無力感的另一原因

還有另一個會讓人感到無力的原因，稱為「同情疲勞」（compassion fatigue）。當我們過度承擔了別人的情緒時，導致過多的情感消耗，進而感到疲勞。透過社群媒體看見別人分享的狀況和情緒，或是對媒體上報導的議題感同身受，都會使我們感到疲憊。當這種疲勞持續累積，而且消耗見底的能量沒有得到補充時，我們就會感到無力。

同情疲勞的情緒就像是防守球員追著對手跑一樣，不是由於我們完全認同對方的情緒，而是因為覺得「那個人產生了那種情緒，所以我也應該要感同身受才行」，這是為了配合對方才發展出來的情緒。

我們會在社群媒體上，對許多朋友的情緒表達「喜歡」或「難過」。這都會大量消耗我們的能量。這些消耗持續累積到最後，就會導致我們產生無力感。無力感是由於精神能量耗竭所造成的，並不是因為身體能量不足。解決同情疲勞的唯一方法，就是擁有自己獨處的時間。

有些人說，看到社群媒體上其他人表現出色的時候，會不斷拿來和自己的處境比較而感到無力。這是因為我們在完全沒有準備的情況下就突然開始比較的緣故。通常這種無

力感來自於那些我們不常聯絡、只透過社群媒體保持關係的人。

我們只看見對方到很美好的地方旅行、買了一輛高級轎車的結果，卻不知道他們在獲得這個結果之前所經歷的過程。就像沒有事先做好暖身運動就開始跑步會讓兩腳抽筋一樣，沒有事先做好心理準備就進行比較，內心就會抽筋。而人們就是把這種內心抽筋的感受視為無力感。

無力感與倦怠

如果「倦怠」（burnout）是指一個過去充滿熱忱、投入某件事情的人，突然感到極度強烈的能量耗竭，並在精神上和生理上都出現疲勞的現象；那麼「無力感」則是指明明有能量但不知道該如何使用，感到茫然並迷失方向的情緒。換句話說，雖然的確還有能量卻不知道將它使用在哪裡、或該如何使用它，這種迷茫的心情就是無力感。

如果身邊的人看起來充滿無力感

當我在講座上提到無力感這個主題時，經常被問到：「我身邊的人看起來充滿了無力感，我應該怎麼幫助他呢？」對此，我總是先建議提問的人可以先改變自己的想法。不是要由我們去幫助那個感到無力的人，而是要思考，我們能從感到無力的對方身上獲得什麼樣的幫助，這是更重要的。

家人或朋友看起來深感無力時，讓他們休息絕對不是好方法。相反地，在這種時候，最好可以請他們做一些可以自己全然掌控的事，即使是小事也無妨。我們感到無力時，會覺得自己的存在沒有意義，而找回存在意義的最好方法，就是找出自己能夠幫助別人的事。

我在學生時期，有一位體型比較嬌小的朋友。儘管我當時並不知道，不過後來他告訴我，當時的他正面臨相當沉重的無力感。某天，我的錢包掉進了教室的一條細縫裡，怎麼也拿不出來。於是我拜託那位朋友：「可以請你幫我把錢包拿出來嗎？」他立刻輕鬆地把手伸進那條細縫裡，將我的錢包拿了出來。

當下我笑著對他說：「你今天真是救了我一命。要是我拿不到錢包，等一下就沒辦法準時赴約了，謝謝你。」

後來朋友回想起當天的事情，他告訴我，那時他對自己深感無力的樣子非常失望；然而，無意間幫了我的這件事卻成為一個轉機，讓他走出了無力感的深淵。

事實上，我不太記得那次的事。但即使已經過了三十年的時間，那位朋友依然清楚記得，而且認為那個時刻對他深具意義。就像這樣，就算是一件很小的事，也能夠幫助一個人擺脫無力感。

假如我們身邊的人看起來正被無力感所困擾，可以試著給他們一點點自己做主的空間。要是讓他們選擇午餐要吃什麼，他們卻回答「隨便」的話，這表示我們給了他們太多選擇，已經形成一種負擔。我們可以說：「今天午餐我們去吃泡菜鍋怎麼樣？你覺得去吃 A 餐廳的泡菜鍋好，還是去 B 餐廳好？」如此進一步縮小選擇範圍，讓他們能夠有主導權做出決定。

幫助身邊陷入無力感的人找出他們所能承擔的決定範圍或思考範圍，然後陪他們一起做，這樣他們就能逐漸走出無力感，踏上重新找回主導性的過程。

萬一今天不是我們身邊的人，而是我們自己陷入了無力感的話，建議大家可以轉移自己的焦點，參加公益活動擔任

志工。幫助那些需要被我們幫助的人，是讓自己走出無力感的最好方式。

　　有人說，人類只要感受到「意義」和「成就感」，就能活得積極且充滿熱忱。而讓我們感到有意義或得到回報，往往不是獲得豐功偉業時，而是聽到別人口中說「謝謝」的時候。藉由我們小小的努力尋找到幫助別人的方法，反而能脫離因為自我矛盾而陷入的無力感泥淖。

自以為是者的心理

\#達克效應

\#同質性團體

\#對話的按摩

\#自愛

「看吧，我是對的吧？」、「就跟你說我講的都是對的。」有些人似乎總是把這樣的話掛在嘴邊。他們即使真的錯了也絕不會承認，還會說：「你再重新確認一次就會知道我是對的。」並繼續堅持自己的看法。這類型的人甚至連面對不熟悉的事物，也會聲稱自己全部懂。光是聽到這裡也讓人覺得夠悶的了，不過，在我們身邊總是會有一兩個這樣的人。這些硬要堅持己見、最後讓人完全不想和他們說話的人，他們的心裡到底在想什麼呢？

堅持自己說的都對的人的心理

第一，知識愈是貧乏的人愈有可能堅持自己是對的。這部分已經得到許多研究的證實。在心理學的用語中有一種名為「鄧寧 - 克魯格效應，簡稱達克效應」（Dunning-Kruger effect）的認知偏差，指的是知識水準相對較低的人，更傾向於高估自己的能力。

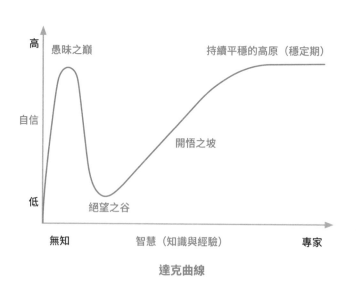

達克曲線

比起完全沒有讀過書的人，讀了一本書就自以為是的人更可怕，對吧？因為他只相信自己從那本書所讀到的內容而已。也許我們身邊的那個人之所以一直堅持己見，是由於他了解的並不多，再加上想法層面比較狹隘所致。

第二，只和那些跟自己偏好相似的人來往，這樣的人更有可能堅持己見。他們對自己的想法過於自信，不管誰說什麼都無法改變他們的認知，這一類人的特點就是在說服別人的過程中，只會去說服那些和他們相似的人。

西班牙馬德里自治大學（Universidad Autonoma De Madrid）的心理學家帕布羅·布里諾（Pablo Brinol）就實際進行了這方面的研究。這項研究是讓實驗參與者在兩個不同的群體當中選擇一個進行說服。第一個群體是原本在某件事情上就和自己持有相同觀點的人，我們稱這組人為「觀點一致團體」。而第二個群體則是那些和我們的觀點無關，在其他方面（例如政治立場或面對身障人士的政策等）有著相似偏好的人，我們稱這組人為「同質性團體」。

有趣的是，觀察參與者的說服過程，發現參與者說服的是「觀點一致團體」還是「同質性團體」，會影響到他們自信心增長的幅度。就結論而言，成功說服「同質性團體」之後的自信心增長程度，遠大於說服「觀點一致團體」。

今天的主題：討論是否贊成學費調漲

我反對學費調漲！

對身障人士政策
觀點相同的人
＝
同質性團體

換句話說，這類型的人幾乎不會記得同質性團體當中反對自己意見的聲音，只會記得那些認同或被說服接受自己主張的部分。哪怕對方只是認同一小部分，他們還是會認為和自己相似的人會擁有和自己一樣的想法，同時增強對自己的信念。最終這實驗告訴我們一個事實：愈是重視學歷、血緣、地緣關係等同質性，就愈不容易改變自己的想法。

面對不懂得認輸的人，請告訴對方我們是同一邊的

認為只有自己說的話才對，這樣的人其實是不懂得如何認輸才會一直堅持己見。愈不懂得認輸的人，愈不會將對話當成對話，而是會當成一場有輸有贏的比賽。一場比賽通常

必須分出勝利者和失敗者，而堅持己見的人總是不願意在對話中讓步，因為他們帶著一股強烈的執念：「我最後一定要成為勝利者」。

所以如果想要和這類型的人順利對話，就需要讓他們意識到我們不是對立的兩方，而是站在同一邊、屬於同一類型的人。這種技巧又稱為「對話的按摩」。就像藉由按摩舒緩身體上的緊張一樣，我們也可以透過減少對話的緊張程度，在心理上達到類似的效果。

那麼該怎麼做，才能讓那些固執己見的人認為我們是站在同一邊的呢？光是對他說「我站在你這邊」，對方是不會相信的，甚至多半還會懷疑：「你為什麼要在這個時間點說出這句話？」我們需要傳送給對方無聲的訊號，例如：「咦？我們的外套好像喔！」或是「哇，我也很喜歡這個角色！」就像這樣，即使是很細微的共通點，也可以讓對方覺得我們的喜好很相近，這就是一種很好的訊號。

我曾經看過有些在公司裡非常固執己見的人，在同學會上卻完全看不出他們有這樣的一面。相反地，我也看過有些人在同學會上十分堅持己見，在公司同事的眼中卻得到了完全不同的評價。

假如某個人只在特定的場合或團體中十分固執己見，那麼對他來說，那個地方可能就像是戰場一樣。在每一個場合中都拚命地固執己見的人，其實出乎意料地少。那麼，人會在什麼時候固執己見呢？就是覺得自己不屬於任何地方的時候。

要是有人一直在我們面前固執己見，有很大的可能是因為我們讓他有輸了的感覺。我們在無意間讓他覺得自己淪為失敗者，甚至認為這是一場輸了的對話，他才會一直呈現出相同的情況。如果我們想讓對方不再是一個固執己見大王，就需要讓他成為心理上的勝利者。

認同，可以減少對方固執己見的傾向

高麗大學心理學系的許泰均 (허태균) 教授，以透過有趣的研究介紹韓國人行為背後隱藏的心理而聞名。根據他的研究，從外國人的角度觀察韓國人的「請客」文化，也能發現隱藏其中、讓人意外的本質。

因此，我詢問了一位教韓國學生大約兩三年時間的外國教授，他知不知道「請客」的意思。他說，他一開始只以為這句話是「今天不管是餐費還是酒錢，都由我來付」的意思，

後來才發現，其實這句話還包含了「今天我是主角，沒有人可以搶走我主角的位置」的意思。

仔細觀察請客的人在那個場合中的行為，會發現他們出手變得很闊綽。即使是固執己見大王，當他成為主角時，他也會為了不破壞那個場合而說「也有可能會那樣啦」、「你說的對」，並接受和他不同的想法。這裡的意思並不是說一定要讓對方請客，重點是要讓對方成為主角。萬一已經讓對方成為當下的主角、心理的勝利者了，他卻還是繼續固執己見的話，那麼對方很可能有非常嚴重的問題。

假設某個人是固執己見大王，或是我們想要幫對方貼上固執己見大王的標籤，希望在這之前我們都能夠先回過頭來檢視一下自己。看看我們是不是在各個場合、在團體相處或對話中，一直讓對方處在失敗者或配角的位置。想讓一個人不再固執己見，我們需要在一定程度上認同他。在某個領域當中認同對方的話，也可以連帶減少他在其他不相干領域上的固執態度。

知道經驗非常豐富的服務業人員，會如何面對固執的顧客嗎？首先他們會說：「老闆（老闆娘），您挑衣服真的很有眼光。」先認定對方擁有的能力，然後再表達出自己想要說的話。這樣對方也會把他們的話當作建議來接受。

如果固執己見的人是公司的主管，那麼我們可以告訴他：「主管您是這個問題的最高決策者。」運用這個方式先發制人。這句話當中隱含的意思是：您是最高決策者，所以更應該要尊重並綜合各方意見。用這樣的過程認定對方的某個部分，我們才有辦法找到讓對方不再堅持己見的方法。

自卑感與自愛

　　自卑感是和他人相比，自覺低人一等或無能的感覺。陷入自卑感的人會認為自己無能，且沒有存在的價值。自愛則是喜愛自己，適度的自愛有助於培養健康且高度的自尊。但是如果年幼時期在自愛方面的需求經歷嚴重的挫敗感，就可能導致自戀型人格障礙。

學校教我們正確答案只有一個，社會則強迫我們回答

　　事實上，我認為，如果堅持己見的情況變得普遍，固執己見大王滿街都是的話，那麼這更像是一個社會問題，而不是個人問題。覺得自己說的話不會有錯，就表示這個人很難接受多元的價值觀，而且這樣的人，通常也會不自覺地認為答案只有一個。既然答案只有一個，他們又認為自己的答案

是正確的，那別人的答案就必然是錯的，也因此他們當然無法接受。

　　觀察那些認為答案只有一個的人，會發現造成這個特徵的原因出乎意料地簡單：因為他們從小就接受這樣的教育。與其說這是韓國人的特點，還不如說這是韓國教育的一種副作用。然而，教育也反映出當代的普遍要求，當社會認為正確答案只有一個時，教育也只能跟著配合。因此，從更根本的角度觀察，會發現這個現象其實是一個社會問題。

　　認為答案只有一個，這表示他們所擁有的信念並不理性。這類型的人不僅沒有辦法接受有答案有很多種，甚至光是要思考多種答案就很痛苦。心理學家稱這些人是「不喜歡思考的人」。他們過去可能都必須迅速給出答案才能獲得獎勵，於是最終變成了無法轉換自己想法的人。

　　例如在會議上提出了一個問題，有人說：「請給我一些時間好好思考一下。」他們可能會因此受到批評。另外，如果問了孩子一個問題，他可以立刻回答出來，通常都會稱讚他：「哇，你真聰明。」就像這樣，我們的社會透過批評那些沒有立刻回答的人、稱讚那些迅速回答的人，從而培養出了許多一味堅持自己看法的人。

在一個不喜歡深思熟慮或陷入苦思的社會氛圍中，想要減少人們堅持己見的比例是相當困難的。除非改變整個社會上不斷強調速度、總認為「快就是好」的風氣，否則我們也不得不繼續活在這樣的困境中。儘管我們一開始是由於身邊遇到的問題而問：「為什麼那個人總是一意孤行？」但實際上，希望我們能用更長的時間共同思考，這是不是我們整體社會的問題。

人與人彼此交談時，我們總是希望對方能夠提出一些意見，但同時我們必須接受「沒有意見」也是一種「意見」。當我們被問到對某個問題的看法時，通常都只有「贊成」和「反對」兩種立場，而且我們一定要表達出自己的意見。不過如果是進行問卷調查，其中有「贊成」、「反對」和「沒有意見」三個選項的話，很多時候「沒有意見」的比例是更高的。

要是在當下那一刻沒有意見，卻又被迫必須選擇其中一邊時，很多人往往會表現出堅持己見的一面。因此和對方交談的時候，最好可以先詢問對方有沒有意見。而且這時候不要忘了，即使對方說沒有意見，也應該接受這也是一種意見並給予認同。接著，就可以將方向轉換到其他主題上，讓對方不再需要堅持己見，並且能夠充滿自信地說出自己的想法。

該怎麼面對
一有空就說別人壞話的人

\#關係主義

\#扭曲的幸福感

\#焦慮

　　大家在職場上,是因為工作而感到疲憊的時候多,還是因為人而感到疲憊的時候多呢?在一項針對職場上班族的調查中,詢問受訪者覺得工作和人際關係中,哪一個因素對於離職影響更大時,超過 70%的人都表示,人際關係所帶來的壓力更為嚴重。

　　難道對人際關係感到疲憊的情況,只會出現在職場上嗎?在韓國如此重視關係的文化中,不論是離職、搬家等所有試圖離開及擺脫的努力,背後原因都和人際關係脫不了關係。在青少年族群中排名第一的困擾,同樣

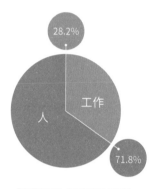

28.2%

工作

人

71.8%

對離職造成影響的因素

也是人際關係。和朋友、父母或是老師之間的關係,都是讓他們覺得生活變得辛苦的主要因素。

正因為是職場、正因為是朋友、正因為是家人,我們才更想要解決這些困擾。然而問題是,即使我們努力嘗試解決,事情的進展往往也沒那麼順利。那我們應該要一律忍耐下來嗎?韓國俗話不是說「心中有三個忍字,殺人也可避免」?不,事實上「心中有三個忍字,只會讓人心生倦怠」,請務必記得這句話。

如果想要保護自己並且建立一個沒有壓力的人際關係,就必須先了解某種人的心理狀態:這些人就是經常說別人壞話、喜歡搬弄是非的人。

關係主義（relationismus）

　　將「我們」與「自我」視為相同的概念，意思是透過和他人建立關係來形成「自我」。韓國人有強烈關係主義的特質，所以整個群體都會更強烈地偏重於對自己很重要的人與關係上，而不是在自己個人的利益上。韓國是最常使用第一人稱複數「我們」這個詞彙的國家，例如「我們太太」、「我們女兒」、「我們學校」等等。

在說別人壞話的行為背後所隱藏的焦慮

　　不論是偶爾碰到的人、還是日常生活中經常見面的人，和那些喜歡說別人壞話的人交談時，每每都會讓我們感到疲憊。他們無論聊到什麼話題，總是會扯到其他不在場的人身上不斷批評，並且一直轉述從別人那裡聽來的閒話給我們聽，還會要求我們同意他們的說法。

　　一開始或許我們會覺得有趣，也會感到好奇，甚至反駁對方：「那個人真的是那樣嗎？」、「咦？那個人有那麼說嗎？」不過持續聽到這些內容一段時間後，我們可能會開始

覺得：「為什麼這個人總是在說別人的壞話？」或是懷疑：「他在其他地方會不會也是這樣說我的？」

我們身邊經常會有類似這樣愛說別人壞話的人，他們有個共通點：儘管他們本人可能永遠不會承認，但其實他們並不幸福，內心總是充滿不安。他們必須找到比自己更不幸的人，從中獲得優越感，並藉由這樣的行為感受到「我還不錯」這種扭曲的幸福感。

當然不斷說別人壞話的人，也有幾種不同的類型。其中最不好的一種就是，無法隱藏自己的心情、覺得「希望其他人都和我一樣討厭某個人」，還會不斷說壞話、暗示性地要求所有人都同意他的說法。

人與人相遇，怎麼可能每次都意見一致、只向對方表示出好感呢？難免也會遇到彼此不太合得來、關係也變得緊張的時候。可是愛說別人壞話的人卻會認為，「既然我不喜歡那個人，那麼在大多數人的眼裡，他們一定也都不喜歡這個人」，或是「其他人一定會同意我的看法」。因此他們只要一有機會，就會說壞話來獲得大多數人的支持。

為什麼要追求大多數人的支持呢？因為他們心中感到不安。那些強烈害怕自己被孤立的人，無論是喜歡還是討厭某

人，會認為應該要讓大多數的人都感受到自己的情緒，而且他們也會刻意營造出可以達到這個目的的情境。所以，他們最喜歡說的一句話就是：「不是只有你一個人這樣想。」

喜歡搬弄是非之人的心理

每次喜歡搬弄是非的人，他們的心理狀態也和上述類似。這類型的人反而可能比說壞話的人還要糟糕。他們不會說「我討厭 B」，而是會說「A 說他非常討厭 B」，利用這種投機取巧的方式，將自己的想法或情緒投射到完全無關的 A 身上。

這種搬弄是非的行為中，隱含著人們不想對自己不好的想法或情緒負責的狡猾本性。「B 真是個討厭鬼」和「A 說 B 真是個討厭鬼」，兩句話所傳達的意思是相同的，那就是：我不喜歡 B。那些想要說壞話但又不想對此負責任的人，就會採取這種轉述別人言論的懦弱方式來搬弄是非。

生活中，有時候無可避免會需要轉述別人說的話，然而，轉述別人言論，真的必須要小心處理。因為那些在社會生活經驗豐富、或是已經見過形形色色的人，在社交方面見多識廣的社交高手，可以很準確地看出傳話者的真實內心。

這些老練的社交高手會察覺你不僅不喜歡 B，還不想被人發現，所以選擇拉第三者下水來表達你的厭惡，進而認定你是懦弱的人。

借用別人的口、利用轉述言論的方式間接批評別人，反而會更清楚地顯露出自己糟糕的人格。即使我們本意並非如此，對方也有很高的可能性誤以為我們是那樣的人。因此如果覺得不喜歡，最好可以直接說出來，這樣至少不會被看成一個卑鄙又懦弱的人。

如何應對喜歡說別人壞話的人

那麼，為什麼說別人壞話和搬弄是非的人會傷害我們的心理健康呢？假如我們身旁有這樣的人，不免會時常讓人感到不安。明明不是在討論工作的那種需要深入思考的會議，但光是和某人的日常對話就讓我們感到疲憊不堪，這時候就需要仔細思考原因。

我們什麼時候最容易感到疲憊呢？通常是在我們需要對自己的言行負責時會更加疲憊。對事情會接二連三地擴散到什麼地步感到擔心，對結果會如何感到不安。而研究結果普遍顯示，人在不安時會消耗更多能量。

當然或許有人會反問：「可是我一點都沒有覺得不安啊？」事實並非如此，不安會來自於意識或潛意識這兩個層面。其實只要曾經說別人壞話而感到不安，之後再說別人壞話時，都會因為那份記憶而自動感到不安。搬弄是非的行為，也是一樣的道理。一旦產生了這種不安感，就無法感受到幸福，在大多數的情況下，不安的相反詞是幸福，幸福的相反詞則是不安。當有人站在我們面前說別人壞話，甚至試圖讓我們成為共犯時，就應該一律避開這樣的人。因為這種人會讓我們感到不安、耗盡我們的精力。

　　那麼，我們該如何應對那些在我們面前說別人壞話、不斷搬弄是非的人呢？如果我們告訴對方：「不是那樣的，那個人對我不是那樣啊！」對方就會更加執著地糾纏不放，說：「你是不記得了才會這麼認為，他對你一定也是這樣。」藉此拉更多人下水。

　　面對如此分享對第三者的厭惡、想讓我們成為共犯的人，我們應該要傳達出「我絕對不同意你這種想法」的訊息。而最可以確實表達我們自己立場的方式，就是告訴對方：「你真的很特別。」

　　太過直截了當地說出「我不能同意」，可能會讓人感到壓力。這時候要是換個方式說：「你有點特別、好不一樣。」

對方就不會對我們產生太多的反感，而是會繼續去找其他人。因為他們知道，我們和他不會是同一陣線的人。

告訴對方用轉述稱讚代替轉述批評的方法

如果一個對我們來說無關緊要的人，跑來我們面前說別人的壞話時，只需要和他保持一定的距離就可以了。不過萬一喜歡說別人壞話的這個人對我們很重要的話，應該怎麼辦呢？這時，我們應該要告訴他們如何稱讚別人，以及如何轉述稱讚。同時，也要讓他知道，轉述稱讚對自己所產生的正面影響。

你知道孩子們為什麼會沉迷於遊戲嗎？因為他們除了遊戲之外沒有其他可以做的事，才會沉迷於遊戲。沉迷於賭博的原因也是一樣，因為他們除了賭博之外無事可做。喜歡說別人壞話或搬弄是非的人，假如突然不能再這麼做，他們就會覺得非常痛苦。最終，甚至可能會選擇離開我們的身邊。因此我們有必要讓他們知道，轉述稱讚是一件非常快樂，而且會對自己有好處的事情。

有段時間，我曾經也有背後說人閒話的糟糕行徑，後來我二十多歲在軍中服兵役的時候，遇到了一位改變了我人生

的大隊長。軍隊裡有大隊長、中隊長、小隊長[11]，這位大隊長並不是我的直屬長官，而是隔壁部隊的大隊長。

不過他在稱讚小隊長時，會透過轉述不在場的中隊長的話來讚美。

「你們知道你們中隊長看人的眼光很好嗎？」

「您是什麼意思呢，大隊長？」

「喔，我聽你們中隊長說金少尉（小隊長）真的非常努力工作，是部隊裡不可或缺的重要人物。你們中隊長眼光真好，視力有二 · ○呢。」

大隊長這麼做是由於擔心他在稱讚小隊長時，讓夾在中間的中隊長感到尷尬，於是藉由中隊長的話來稱讚。

等中隊長出去一趟回來之後，小隊長就會告訴他大隊長來過，並說：「大隊長稱讚中隊長您的眼光很好。他說您稱讚我很有能力，還說『中隊長看人的眼光很好』。」

如此一來，中隊長會對大隊長感激不盡，小隊長也會對中隊長心懷感謝。那位大隊長透過傳遞稱讚的方式確保了他讚美人的合理性，言談中不僅涵蓋了被稱讚的小隊長，甚

---

11 譯註：大隊長、中隊長、小隊長分別相當於中華民國軍階中的營長、連長、班長。

至也提到了人並不在現場的中隊長。儘管這位大隊長並不是一位充滿領導魅力的人，而且做事風格非常樸實無華，但那時，我才終於明白，為什麼他負責管理的部隊可以運作得那麼好。

我的人生也從那一刻起，發生了變化。如果A稱讚了B，我就會牢牢記住這點，之後當我遇到B時再轉述A的讚美之詞給B聽。這樣B就不會認為我是在拍他的馬屁，而且我也能同時獲得A和B兩個人的友誼。如果我們要轉述別人的話，請千萬別忘記：轉述稱讚會帶來更大的好處。

還有一個方法，可以從根本上阻止說別人壞話或搬弄是非；那就是成為一個擅長發現別人優點的人。如果經常有人對我們說些別人的壞話，這意味著從他們的角度來看，我們就是這些內容的潛在聽眾。

經常嫉妒的人會吸引經常嫉妒的人。嫉妒這種情緒，表示我們雖然不喜歡那個人，卻認為對方擁有很強的能力。在這種情況下，我們反而應該坦率地承認：「我真的很羨慕那個人。」因為在這麼說話的人面前，要說被羨慕的人壞話是非常困難的。

改正習慣說別人壞話的方法

① 告訴對方稱讚的方法

② 告訴對方轉述他人稱讚的方法

③ 讓他知道①和②帶來的正面效果

　　一旦嫉妒，就已經輸了。然而，當我們羨慕別人時，我們反而贏了，而且這種直率會使我們變得更加堅強。當我們說出「我好羨慕你的這個特質」時，聽到這句話的人可能會回答：「那我來告訴你方法。」並更加靠近你。

　　擅長發現別人優點並且樂於稱讚的人，身邊不太容易會有說別人壞話的人。所以，請先讓自己成為擅長發現優點並稱讚的人吧。那麼，我們因為那些總是說別人壞話、搬弄是非的人感到疲憊的情況就會明顯減少。

給吝於稱讚的人
的建議

#低估

#無意的稱讚

#自主性

　　和某些人聊天時，總讓我們感覺格外愉快。其中最具代表性的例子，就是善於發現對方優點的人。當他們發現對方的優點並加以稱讚時，不僅對方的心情會變好，連帶整個聚會的氛圍也會變得更加歡樂。那麼如果是相反的情況呢？萬一有人對別人的缺點或失誤反應特別敏感，卻對別人的優點或成就視而不見，我們大概也不太想搭理這樣的人吧。

　　不過讓人意外的是，有許多人都認為稱讚別人實在太困難了，並為此感到苦惱。他們會深深自省：「為什麼我沒辦法稱讚別人呢？」然而，當真正站在人群面前時，卻依然說不出任何一句稱讚的話，這究竟是為什麼呢？

稱讚比我們想像的更有力量

我們先從人們會吝於稱讚的原因開始探討。最主要的原因是人們認為稱讚是不必要的。可能是覺得稱讚不會帶來太大的影響力，或是擔心自己的稱讚遭到誤解為阿諛奉承、花言巧語，因而才會太過小心翼翼而吝於稱讚。

從心理學家的角度來看，當我們定義人對某件事情「吝嗇」時，往往暗含了人覺得「即使做了也不會有太大效果」的預期。例如，「吝於投資」意味著這個人認為即使投資也不會帶來太多收益；而「吝於休息」則意味著這個人認為即使休息，情況也不會獲得太大的改善。這些都是基於某種預設的想法。

不過，我特別想和所有吝於稱讚的人，分享最近的一篇研究。這項研究是由美國史丹佛大學的心理學家趙軒（Xuan Zhao）博士和他的研究團隊共同進行的。

研究團隊邀請實驗參與者和他們認識的朋友一同參與這項實驗。這些「朋友」指的是他們彼此認識並保持關係大約十年時間的人。團隊要求其中一方的參與者為他們的朋友寫下三個之前未曾告訴對方的優點，也就是三個稱讚。

接著，必須預測朋友在收到這三個稱讚之後會有多麼開心，或是會覺得多麼尷尬、不自在。最後則詢問了收到稱讚的人，他們從收到的稱讚中感受到了哪些情緒，以及感受情緒的強度。

十年之交

寫下給對方的
三個稱讚

・對方接受我的稱讚後會多
　麼開心呢？
・對方接受我的稱讚後會多
　麼尷尬呢？

　　研究團隊透過這個實驗，比較了稱讚者對朋友反應的預期，以及被稱讚者實際感受到的情緒。結果如何呢？最值得注意的是，讚美方幾乎都低估了對方接受自己稱讚之後的開心程度，同時高估了對方收到稱讚後感到尷尬或不自在的程度。

■ 稱讚者的期待值
■ 接受稱讚者的實際情緒

　　這兩種趨勢，只有在稱讚的情境下才會表現得較為強烈。如果不是稱讚對方，而是提到對方一般的個人特質時，說話者預測對方聽到後的情緒會相對準確得多，比較少出現低估或是高估的情況。

　　這項研究結果清楚呈現出了一個事實：我們往往低估了自己的稱讚對他人產生的正面影響。也就是說，儘管我們完全不需要在稱讚這件事情上過於吝嗇，我們卻依然會限制自己而變得吝於稱讚別人。假如你對於自己吝於給予稱讚感到困擾，請試著想像，你的讚美可以讓對方感受到多麼良好的正面情緒。如果想讓對方心情愉快，並創造一個愉悅的氛圍，那麼，不妨要求自己練習稱讚別人一次看看吧。

有好的稱讚和不好的稱讚嗎？

不知道怎麼稱讚的人，通常只會簡單地說：「做得很好。」不過這樣的稱讚不太高明。這種收效甚微的稱讚，會讓人覺得：「稱讚沒有什麼意義」，進而陷入一種自證預言（self-fulfilling prophecy）[12] 的狀態。

那麼，什麼才是好的稱讚呢？像「哇，這也太好了吧？你是怎麼做到的？」這樣的稱讚是更好的。如果只是單純稱讚對方做得好，對話就會到此結束，對方除了回答「謝謝」之外，也沒辦法多說什麼。但要是詢問對方：「你是怎麼做到的？」就能進一步開啟具體的對話，詳細聊到對方在哪方面付出了更多努力、以及整個過程的細節等，從而延續令對方心情愉快的氣氛。

另一個好的稱讚法，是稱讚對方無意中做出的行為。我們通常只有在對方順利完成了我們交代或請求的事情時才會稱讚，但這樣做，幾乎不可能激發任何自主性或責任感。然而，當一個人自發性地做了沒有人要求他做的事情並因此贏得誇讚時，這個讚美就會產生非常驚人的效果。因為從接受稱讚的那一刻起，人就會產生下次想要做得更好的想法。這

---

12 自證預言是指我們每一個人對於內心的看法，決定了我們對於外在事物的態度，於是影響了行為，導致與內心看法一致的結果。

就是自主性。

　　我曾經在青少年恢復中心看到過這種良好讚美的效果。在那裡，工作經驗豐富的保護人和矯正監管員，如果看到孩子們認真完成了他們交代的任務時，會適度誇讚一下，然後就此打住。我覺得這樣的稱讚量似乎不太夠，詢問他們原因後得到的回答是：「這些孩子們因為好好完成任務而得到過多的稱讚時，他們其實會在背後嘲笑我。」

　　不過在進行這段對話的同時，一位在餐廳工作、年紀比較大的奶奶，手上搬了裝滿食材的箱子從我們身旁走過。可能是因為箱子太重，奶奶整個人稍微搖晃了一下，旁邊的一個青少年立刻本能地，也就是沒有任何目的或意圖地上前扶住了奶奶，幫她一起搬運食材。監管員看到這一幕便走到青少年身邊，隨口說了一句：「哇喔，看來你比我想的更帥喔！」

　　他稱讚了青少年無意中做出的好行為。過了一段時間後，我聽說，那位青少年後來的行為問題有了明顯的改善。他離開恢復中心的時候坦白地說，當時那句隨意的稱讚一直留在他的腦海中，久久沒有消失。

　　就像這樣，比起人們已經期望得到某種結果而行動的時

候，在對結果沒有太大期待的狀態下行動卻意外得到回應，
這時所帶來的影響力是更大的。例如，我們無意中做出照顧
對方的舉動，而對方對此非常感激時，反而會讓我們在未來
對自己的行為賦予更多意義，在這之後也會持續做出更多為
了對方著想的行為。

因為期待而做出
某個舉動時得到回應

因為無意中做出的
舉動得到回應

適用於韓國人的稱讚技巧

① 稱讚努力而不是稱讚天賦

　　—「你真的好聰明。」（✕）

　　—「你全力以赴的樣子真的很棒。」（○）

② 在稱讚中加入人稱

　　—「你這次考試拿到很好的分數呢。」（✕）

　　—「○○，原來你是因為努力才能拿到這麼好的分數。」
　　　（○）

③ 在稱讚對方時，一併稱讚和對方之間的連帶關係

　　—「你好體貼，真不像最近的年輕人。」（✕）

　　—「最近的年輕人能力都很強，你更是其中的佼佼者。」
　　　（○）

④ 稱讚無意中的好行為

　　—如果因為偶然的舉動受到稱讚，就會強化這方面的行為。

稱讚也需要練習

現在，我們已經知道應該如何稱讚了。那麼接下來的問題，就是稱讚的「時機」。到底該如何做，才能在適當的時機和場合讚美人呢？在尋找這個答案之前，我想先問大家一個問題：如果想要打好棒球，你會選擇怎麼做呢？如果你想要變得很會料理，又應該要做些什麼呢？答案很簡單，就是要多多練習。稱讚也是同樣的道理，我們在平時就需要多加練習。

光是在內心一直思考是沒有用的，必須要有實際的行動。經過許多次的嘗試之後，我們也才能夠了解：「原來當我這樣稱讚時，氣氛會變成這樣」、「原來這個人聽到這種稱讚之後會更加努力工作啊」等等。最終還是需要在實際生活中多練習讚美，這是必經的過程。

「可是我不擅長誇人，該怎麼做呢？」有這樣煩惱的人，也許你心中已經充滿了想要讚美人的心情。現在，試著把這些心情說出來。就像我剛才示範的那樣。「喔，做得很好耶！你是怎麼做到的呢？」就像這樣。

對於不習慣稱讚的人來說，一開始誇人可能會覺得有些尷尬。但是我們在嘗試新事物時，並不會總是一帆風順，這是很正常的。想必充滿自信、認為「我只要挑戰就能 100％成功」的人並不多。要試著把從來不曾說出口的讚美講出來，也是同樣的道理。第一次開口誇人難免會覺得尷尬，被稱讚的人可能也會覺得害羞。不過只要我們繼續堅持下去，稱讚十次、二十次，情況就會改變。當我們持續這麼做時，總有一天，我們的稱讚會為某個人帶來龐大的力量，也會為我們自己帶來正面的影響力，最終形成一個良性的稱讚循環。

172

◆

練習理解他人的
心理

偏執的人
都有自己的原因

#偏執者

#占有欲

#強迫症

　　「聽說有一家新開的餐廳很好吃。一起去吧。」、
「聽說那部電影很好看，一起去看吧。」任何朋友或同
事都可能提出這樣的提議，但問題是後續的發展。「你
是不是和別人一起去那家餐廳，還發動態了？」、「不
是說好要和我一起看那部電影嗎？你跟誰去看了？」、
「聽說你周末跟○○去了△△，為什麼不跟我一起
去？」有些人雖然我們並沒有明確答應他們的邀約，但
只要他們發現我們跟別人去某處做了些什麼，反應就會
非常敏感，甚至還有人會為此生氣。

　　如果對方跟我們是彼此磨合許久、試著交往的關
係，或許還可以理解。但對方只是朋友，或只是同事，

卻如此偏執地想要占據我們的時間。為什麼對方每次都想和我們一起做所有事情、想知道我們的一切資訊呢？

真的是因為太喜歡而變得偏執嗎？

首先要考量的是，那個人可能是因為真的喜歡我們才會出現這種舉動。當一個人喜歡另一個人時，就會想要一起經歷和分享任何事情。但問題在於，他們可能不善於表達自己的情感，以致於做出令對方感到不適的過分舉動。

在此，有個值得思考的問題：關心和偏執之間有什麼區別？答案在於我們接收到對方的關心後有什麼樣的感覺。雖然關心的信號是由對方發送的，但是下結論的是被關心的當事人，也就是我們自己。如果我們感到不舒服或覺得過度，那就是偏執。然而，有一種非常危險的情況，那就是身邊有人口口聲聲說喜歡你，但實際上，卻是拿這句話作為擋箭牌來滿足自己的需求。

大家在學生時期或許都有過這樣的經驗，也就是只跟好朋友待在一起，希望所有事情都能一起做。由於當時遇見的人有限，而且有很多可以共享彼此時間的因素，所以這樣做是有可能的，也可以接受。

但是，有些人上了大學、進了社會後依然這樣做。這種人的交友範圍就像小學、國中、高中時期一樣相當侷限。換句話說，他們有一種強烈的傾向，認為自己跟來自不同地區、不同學校的人無法成為朋友。他們已經預設，除了目前跟自己關係好的朋友之外，很難交到新朋友。由此可知，這種人在成長過程中，應該具備的社交能力稍嫌缺乏，心智仍然較為幼稚。

當這種人進入社會遇到其他人時，情況可能會變得更嚴重。他們會想：「我這個人很難交到朋友，但我已經找到跟我合得來的好朋友了。而在對方眼中，這段友誼又有多大的意義呢？」在他們看來，好不容易交到的朋友如果也跟其他人走得很近，那就意味著自己將逐漸失去關心和喜愛。此外，由於他們自己無法輕易交到新朋友，他們可能會覺得跟我們之間的關係正在遭到破壞。總結來說，這種人的世界非常小，但是發現大家走向更寬廣的世界卻沒帶上自己時，就會想要加以阻撓。

而且，為了將自己的行為合理化，他們會使用「喜歡」這個說法。當身邊有一位這樣偏執的朋友時，我們通常會認為：「他太喜歡我了，所以才會這樣。」周圍的人或許也會說：「哇，看樣子他真的很喜歡你。」但這可能是一大誤解。對

那位朋友來說，我們是他「想要」（want）而非「喜歡」（like）的對象。他並不是單純地喜歡我們，而是只要我們一不在，他們就感到不自在，所以才會為了想要擺脫這種感覺而那麼做。

「沒有你就覺得不自在」和「有你在身邊就感到很愉快」是兩種完全不同的情感。男女關係也一樣。那些曾經因為太喜歡而變得偏執，大喊「沒有你就活不下去」的人，通常會在他們認為雙方關係無法恢復時，迅速尋找其他對象。也就是說，他們會再次尋找他們認為自己需要的人。而我們身邊那位偏執的朋友可能也會如此。

依戀與偏執的區別

所謂依戀，是指對自己認為親近的人產生的情感依賴關係。如果在成長過程中的各個時期未能與自己認為親近的人形成正常的情感依賴關係，那麼依戀可能會受到損傷而變質為偏執。

對雙方關係的偏執，是基於對對方的占有欲而產生的。想要讓對方站在自己這一邊，想要讓對方按照自己的意思行動，這種欲望就是對雙方關係的偏執。那些偏執於某人的人只關心自己是否幸福，不會去考量對方是否因此感到痛苦或悲傷。他們所要的是藉由擁有對方來讓自己變得幸福。

只要那位偏執的朋友在身邊，你就無法做出任何挑戰

我們可能會想：「那位朋友只是喜歡我而已，有那麼嚴重嗎？」然而，首先顯而易見的傷害就是，我們會變得難以和其他人碰面。但問題卻不僅止於此。

這種人會不斷重複說出暗示性的話，以阻止我們去嘗試新的挑戰或變化。因為我們愈是嘗試新事物、探索新世界，就愈有可能變得不再需要他。所以，當我們鼓起勇氣想去做一件新的事情時，那位朋友會親切而詳細地提出數十個理由，告訴我們不用去做那些事。甚至連他自己都沒察覺到自己正在阻止我們。

別去見其他朋友……！

那麼，有沒有辦法自然而然地避開那個偏執的人呢？如果那個人跟你走得很近，或是你所需要的人，那麼短時間內，是不可能解決這個問題的。然而，我們學習心理學，並

不是為了學會如何迅速擺脫這種人，而是為了獲得保持距離的智慧，不是嗎？

　　與偏執的人保持距離的最佳方法，就是在時間、金錢、人際關係這三個方面，至少要有一項很明確地不與他們牽扯。只要有一項是完全沒有牽扯的，那麼當其中一方需要幫助時，另一方就無法藉機干涉了。

偏執者的思維模式

　　舉例來說，假設有個對我們很偏執的朋友手頭上很寬裕。每當我們在經濟上遇到困難時，那位朋友可能會借錢給我們或提供其他幫助，而這可能就會成為我們難以擺脫他的原因。通常，那些偏執的人並非完全從我們那裡得到所有的幫助，總有某些部分是他們正在為我們付出的。

　　這時乾脆去學習一個全新的領域，而且是那位偏執的朋友完全陌生的領域，也是保持距離的好方法。說來各位讀者

可能不信，但我在高中時也曾經有一個偏執的朋友，後來那位朋友依照父母的意思就讀法律系，而我則進入了心理系。由於那位朋友對心理學一無所知，所以我們兩人只能分開來各自讀書。在這種情況下，儘管他還是經常要求一起讀書，但我自然而然能夠含蓄地暗示他說「你沒辦法加入」、「你在這種情況下沒辦法發揮太大作用的」。

因此，我們需要找到一個自己專屬的領域，讓那些偏執的人因為不了解而無法參與。偏執的人每次都想要知道所有的事情，什麼都想要和我們一起做，而且他們會認為我們也跟他們一樣。所以，在把責任全都歸咎於對方之前，請先想想，自己是否擁有與那朋友截然不同的部分。我們該反思的是：是不是我自己沒辦法創造出兩人之間無法共享、毫不相干的空間，才會這樣呢？

為什麼家人之間的偏執更危險

然而，只有朋友之間才會出現偏執的問題嗎？實際上，家人之間更常出現這種情況。由於一起相處的時間很長，共享的方面也更多，因此家庭成員更容易產生偏執。兄弟姐妹之間可能會阻止對方結婚，父母和子女之間也存在著許多這

樣的案例。家人之間的偏執之所以更危險，是因為打著「愛」而非「友情」的旗號，也就是以「家人之間的愛」來掩飾，這會令人感到更加疲憊和痛苦。

家人之間，究竟為什麼會產生偏執呢？普遍認為，通常是父母對子女的情感更偏執些，而這點在很大程度上，也的確是事實。父母對子女偏執，是因為他們從子女出生的那一刻起，就以愛來養育。他們抱著什麼都做不了的嬰兒，悉心餵養、呵護。當我們保護某人時，便意味著要承受隨之而來的所有損失。也就是說，在這個過程中，父母放棄了很多東西，最終導致了偏執情感。剛開始可能只是出於一種遺憾，但是隨著時間的推移，這種感情逐漸累積，最終就會變成偏執。

可能會有人反問：「那不是父母的一種補償心理嗎？」但其實，很難用這種簡單的說法直接帶過。補償應該以交易為前提，可以用其他的東西代替，但子女並不是可以交換或代替的存在。因此，父母的偏執往往不容易解決，希望大家不要一味貶低或予以指責。

話雖如此，但也不能放任父母對我們一直偏執下去。斷絕關係且裝作不知情並非可行的辦法，但是急於催促父母拓展交友圈也不現實，反而可能會對父母造成傷害。在這種情

況下最好的辦法，就是為父母創造一些可以尊重自我、開發自我的東西，比如學習進修、興趣愛好或是休閒運動等。

除非是很極端的情況，否則父母肯定會有自己喜歡的東西，只是先前為了養育孩子而不得不放棄。所以，請跟父母多聊一聊，傾聽他們在生下你之前、在結婚之前的故事，然後從中找出可以跟父母一起開始去做的事情。直到他們某種程度上步入軌道之前，我們總該陪伴在他們身邊，之後再慢慢抽身就可以了。

這時要注意的是，即使情況看來已經穩定，也不要急於完全抽身，就像做飯的時候即使覺得飯已經蒸好了，也要稍微再燜一下，不能急著掀開鍋蓋一樣。最終的目標是要讓父母放下對我們的偏執，去多多認識不同的人並與他們往來。在達到此一目標的路程中，遍布著一塊又一塊的踏腳石，而我們牽著父母的手，要踩在哪幾塊踏腳石上、要往何處走去，是需要謹慎權衡的。

其實我以前也有過類似的經歷，這也是許多留學生夫妻的問題。就連我那原本社交活躍的太太，出國留學後也是眼裡只看得見我這個先生。當初我曾經建議太太多去找其他人。時至今日，每當她回想起那時我說的話，都還是會覺得被背叛而氣得咬牙切齒。

練習理解他人的心理

放下偏執　　尋找新生活

　　出國後過了一段時間，我和太太一起參加了非學位課程的留學生聚會。直到交到新朋友之前，我們都是一起去的，但不知從何時起，竟然出現了她不想讓我參加的聚會。可能是同齡的女性之間想要擁有專屬的交流空間吧？不久後，太太參加的聚會比我多出不少，並且結識了各式各樣的人。我想，父母可能也會有類似的情況吧？只要你開始幫助他們，他們就能開拓出更廣闊的世界，一心撲在子女上的情況很快就會消失。

　　在一個多元化、資源充沛、人際交流頻繁的社會裡，那種講求肝膽相照、結伴扶持的「桃源結義」型的人，反而會愈來愈不幸。理性情緒行為治療法（REBT）的創始人亞伯‧艾里斯（Albert Ellis）甚至認為這是「非理性信念」（irrational belief)。

　　所以，如果你正因為有位偏執的朋友而感到痛苦，那麼就從你開始突破吧！不要害怕與很多人往來，建立鬆散但多元的人際關係是很重要的。不要讓那個偏執於你的人認為「我和你是同類，我們是命運共同體」。

練習理解他人的心理

我們為什麼沉迷
MBTI？

\# MBTI

\#天生的特質

\#外向型 vs 內向型

根據《二〇二二趨勢監測》（2022 트렌드 모니터）一
書顯示，二〇二一年末曾經針對一千名對象進行問卷調
查，提出「你相信 MBTI 嗎？」的問題。受訪者中，
足足有 75.2％的人相信 MBTI，並有 80.6％的人好奇自
己是什麼樣的人。這項調查結果說明了有多少人相信
MBTI。

也有人表示，如果實際遇到 MBTI 類型與自己不合
的人，會避免親近對方。如今，有些公司在履歷和面試
中也會詢問 MBTI 類型；而據說有些人擔心會對就業造
成不利影響，便謊報了自己的 MBTI 類型。究竟為什麼
我們如此無條件相信 MBTI，甚至有些過度沉迷呢？

MBTI 掀起熱潮的原因

MBTI（Myers-Briggs Type Indicator，邁爾斯 - 布里格斯性格分類指標）是由凱瑟琳‧庫克‧布里格斯（Katharine C. Briggs）和她的女兒伊莎貝爾‧布里格斯‧邁爾斯（Isabel B. Myers）在家自學的過程中，為了顯示人格類型的多樣性而開發的。雖然採取了測驗的形式，但它並非一套準確妥當的量表，而是凱瑟琳為了教育女兒所設計，近似於一種教育遊戲。

我第一次接觸 MBTI 測驗是在三十年前，也就是一九九二年。當時 MBTI 還只是一種心理測驗，僅有相關專業人士或主修心理學的學生才知道。然而，近年 MBTI 已然蔚為流行，幾乎可說是掀起熱潮的程度，這是因為 MBTI 本身具有一種遊戲的形態。有些人可能會反問，MBTI 究竟有哪些地方像遊戲？

遊戲的重要特徵之一，是在進行某項活動時，會轉換成完全不同的感官形式，出現令人意想不到的結果。就像投擲氣球的結果會以分數或排名的形式呈現一樣，這時我們就會非常熱衷於這種行為。假設你在挖掘工具上安裝了物聯網（IoT）感測器，可以在智慧型手機上即時顯示「世界挖掘排行榜」，那會是什麼感覺？說不定你會因為覺得新奇又有趣而挖上一整天，挖得不亦樂乎。

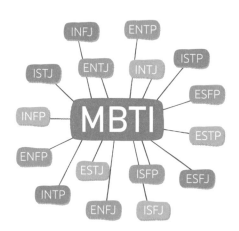

　　這種模式也存在於 MBTI 中。只要花費大約十分鐘的時間，誠實地回答測驗中的問題，結果就會以字母組合的形式呈現，而且還會顯示我們的人格特質在全體人類的占比。正是這種特點，讓我們沉浸在 MBTI 中。

　　人們對 MBTI 如此熱衷的另一個原因是，在現今社會生活中愈來愈難找尋到自我。這個世界的變化愈來愈快，人們生活在巨大的資訊洪流中，找到一種能夠輕鬆快速評估自己和他人的方法，無論結果正確與否，都很容易為此著迷。為了完全了解一個人，原本需要花費大量的時間和心力進行觀察，但是如果有一種方法不需要付出這麼多的努力，只需幾分鐘就能了解對方，那麼肯定會讓人感興趣的，不是嗎？

大約二十年前，心理學家們也曾經深入研究過 MBTI，但現在幾乎沒有利用 MBTI 進行的研究了。據悉，MBTI 是以一九〇〇年代初期活躍的精神分析學家卡爾・榮格（Carl Gustav Jung）提出的理論為基礎開發的。但是就連榮格本人也說過，完全外向的人和完全內向的人並不存在。事實上，將生活在地球上的眾多人口歸納為十六種類型，這個做法過於籠統。

自我探索心理

　　包括 MBTI 在內，各種性向測驗層出不窮，而輕鬆的心理測驗反映出人們專注於「自我探索」的一面。心理學家表示：「愈是焦慮不安，或對自己缺乏自信時，想要透過測驗來確認自己是誰、以及自己是什麼樣的人的傾向就愈明顯。」另外，有人指出，自我探索的熱潮之所以如此廣泛傳播，是因為 MZ 世代喜歡將測驗結果上傳到社群軟體分享，這種遊戲文化發揮了很大的作用。

心理學家對 MBTI 可信度的看法

無論是什麼測驗，都需要具備可信度和正確性，才能稱為科學測驗。首先，可信度是指無論何時進行測驗，都應該出現同樣的結果。舉例來說，就像測量頭圍一樣。無論是今天測量還是明天測量，無論當天的天氣或個人狀態如何，都會得到相同的數值，因此可信度很高。

然而，正確性卻是一個稍微不同的問題。這涉及到透過測驗得出的推論之準確性和適當性的評估，簡而言之，就是「這項測驗是否正確地測量出原本設定要測量的東西」。正如先前所舉的例子，頭圍雖然是一個可信度很高的測量值，但如果用頭圍來評估智商的話，正確性是否同樣很高，就值得質疑了吧？

如果將這個概念應用到 MBTI 上，將這項大約只需十分鐘的簡單測驗結果視為評估一個人的標準，這樣顯然有正確性的問題。這並不是說 MBTI 測驗本身有嚴重的問題。實際上，在一九九二年，我第一次接受 MBTI 測驗時的結果是內向的 ISTJ。但是，到了二○一○年，我自己進行 MBTI 測驗時，結果卻是極端的 E 型，即外向型。為什麼會這樣呢？

一九九二年時，我是一名即將攻讀研究所的大四學生，

相當專注於學業上。而在過了十八年後的二〇一〇年，我已經脫離新任助教時期，成為一名可以自由發言的副教授了。由於參與大量的外部活動，我經常聽到太太和周遭的人問我為什麼變得這麼多話，還建議我要更加專注。然而，最近再次進行測驗後發現，我的結果又變回了 ISTJ。

為什麼一個曾經是 ISTJ 的人，在二〇一〇年變成了 ENTP，而現在又回到 ISTJ 呢？由此可見，進行測驗時的社會角色和行為模式，可能會對 MBTI 的結果造成影響。因此，我們不應該用 MBTI 的結果來評估一個人，更不該試圖用它來預測未來。

在這種情況下，就像想要用頭圍來評估智商一樣，可能會在正確性方面出現嚴重的問題。此外，還有可信度的問題。MBTI 測驗，實際上是由一系列的問題所組成，而這些問題很容易受到測驗前一天或近期行為的影響。

說到底，MBTI 可以評估的是一個人「最近幾年主要是以怎樣的社會角色度過生活」。MBTI 並不是一個可以評估天生特質、本性、發展潛力或適配職業的工具。此外，大眾容易接觸到的 MBTI 測驗，可能受限於著作權而省略了許多問題，或是問題的描述方式可能已經被修改。

　　總結來說，MBTI 並不是一項不好的測驗，而是一項被誤用的測驗。儘管透過 MBTI 能知道的東西有限，但許多人仍然認為可以藉由 MBTI 深入了解一個人內在層面，並且預測未來。就像眼藥水用在眼睛上是良藥，但是當成感冒藥服用的話會出大事，對吧？ MBTI 也是如此。

想要了解他人或自己時，應該採取什麼方法？

　　如果想要了解一個人，該怎麼做呢？能最快速有效地掌握那個人的方法是什麼？與那個人多聊聊，了解對方討厭什麼、喜歡什麼，這個方法會比使用由四個字母組成的 MBTI 更為有效。

　　曾經有一個朋友問我：「你最討厭什麼樣的人？」

我思考了好一會兒，然後這樣回答：「我最討厭那種閒著沒事做的人。他們對我關心過度，就連看到一些無關緊要的事情也會小題大做，對我指手畫腳。他們還會問一些瑣碎的問題，搞得我什麼都做不了。我最討厭這種人了。」

透過這個回答，想必那位朋友就能確認到我的價值觀。

就連購買新手機或汽車後，也需要花上一段時間才能了解並熟悉操作方法，更何況人類比手機和汽車複雜得多，怎麼能僅僅透過由四個英文字母組成的 MBTI 類型來判斷呢？必須經過長時間的注意和觀察，才能掌握一個人究竟是什麼樣的人。

至於自己的部分，如果想要了解自己，我的建議是「寫日記」。許多經常自我省察或進入偉人行列的人都會留下日記。透過閱讀日記，可以了解自己是什麼樣的人，因為日記中記錄了自己在什麼情況下感受到了什麼，以及如何行動和反應。然而，日記也需要持續寫上一段很長的時間，這樣才能真正了解自己是什麼樣的人。

想要了解他人或自己，這絕對不是錯誤的欲望。每個人都應該受到尊重。但是，如果試圖以最簡單快速的方式滿足這種欲望，這種做法本身便難以得到尊重。或許是因為現代

人可以透過線上和實體的方式接觸並見識到各式各樣的人，所以會受到這種誘惑也是人之常情。

然而，就像習慣吃速食後，可能就無法欣賞慢食的價值一樣，一旦習慣了簡單快速的方式後，可能會覺得長期用心了解一個人是在浪費時間。想要知道某人的 MBTI 類型，或許正意味著放棄深入了解對方的機會。在聽到結果的那一瞬間，你可能就會想：「喔，原來這個人是這種性格！」並且立即將此一結論刻印在腦海裡。

因此，當我想要深交的人或是想要親近的朋友問起我的 MBTI 類型時，我會這樣回答：「以後我們時常往來，時間久了，自然會加深對彼此的了解，這不是更重要嗎？人是很深奧的存在，而且這個世界上有各式各樣的人，我不希望輕易地下判斷。」

具有內向性格（I）卻不敢坦承的人

最近透過新聞報導得知，有人在面試或相親時謊報自己的 MBTI 類型，這是因為外向性格普遍更受歡迎，於是他們隱瞞自己是性格內向（I）的人。在面試時，之所以詢問求職者是內向型還是外向型，或許是因為外向的人通常會展現出

社交活躍的特點。也難怪，這些人會這樣做了。

　　然而，是否所有情況、所有職位都需要外向的人呢？內向的人也有很多優點，他們通常專注力強，思考深刻，因此失誤的事情也較少。實際上，在我們所知道的傑出領導者中，有許多是內向型的人。另外，在社會生活中，一旦言行稍微超出某種尺度，就可能陷入微妙又尷尬的局面，而這種情況更容易發生在外向的人身上。

外向型和內向型的差異

外向型	內向型
● 可花較多社交能量在他人身上。	● 只能花極少的社交能量在他人身上。
● 活潑積極的人不一定就是外向型。	● 內向型的人常被誤以為怕生，不喜歡與人接觸。
● 由於接觸更多人，有利於社交成功。	● 將焦點放在自己身上，擁有較高的專注力和自我覺察能力。
● 如果社交能量分配不當，可能會出現極端發言或破壞性思維，因此需要努力尋找適度平衡。	● 可用的社交資源有限，因此，同時與許多人見面後，通常需要一些獨處的時間。

外向者‧內向者的成功公式

心理學家認為，成功的關鍵不在於外向或內向的差異，而是在於開放性。開放性是五大人格特質之一，就是能夠接受自己與他人意見不同的能力。開放性高的人，願意與那些能夠傳授新知或是讓他們認知自身錯誤的人進行交流。外向且開放性高的人，在銷售等需要利用人脈的工作中比較占優勢，而在進行研究開發的科學家之中，則有許多內向且開放性高的人。外向或內向是天生的，不太可能隨著年齡的增長而改變，但開放性是可以透過後天的努力來改變的。

就像這樣，外向和內向各有其優缺點，與其單說哪一方好，不如仔細且具體地思考在何種情況下更適合哪一種傾向，用這個方式來判斷是更為明智的。事實上，我們人類是非常複雜、微妙、令人驚奇的生命體，無法單用內向或外向、感覺或知覺、直觀或理性等方式進行分類。所以，我們需要做的是掌握自身性格特點，進而發揮優勢、彌補不足。

再次強調，我並不是說 MBTI 不好或是不要使用，而是提醒大家，不要僅僅根據十六種性格類型來劃分或判斷「自我」這個龐大的宇宙，以免陷入誤區。但是，如果真的想了

解自己，建議大家多嘗試幾種心理測驗，而不是只依賴於一種，因為人類是極為複雜的。

在心理學使用的諸多性格測驗中，還有一項測驗廣為人知，就是五大性格特質（Big Five personality traits）測驗。它測量的是最能區分個體行為和判斷傾向的性格特徵，共分為五個因素，也就是開放性、自律性、親和性、外向性和敏感性。這項測驗的開發時間相當長，雖然可能沒有 MBTI 那麼有趣，但是能更準確地描述一個人的天生性格特點。

除此之外，還有許多其他的測驗，但問題在於不論使用哪種測驗，都是透過言語問答的方式進行的。根據如何回答，測驗結果必然會有所不同。也許最大的問題並非測驗工具本身，而是在於我們容易盲目相信測驗的心態。

性格的五大因素

如果害怕與陌生人見面

#社交恐懼症
#電話恐懼症
#反應與決定

在社會生活中，無論自身專業或職業為何，有時會需要和不熟的人見面打交道的時候。但是，有些人由於個性怕生，一旦要與新的人來往，就會變得相當緊張害怕，這種人比我們所想像的還要多。對於那些光是想到要與陌生人見面對話就感到吃力的人而言，這讓他們在工作或學習的過程中感受巨大的壓力。甚至有些人訴苦說，情況嚴重時不僅無法直接見面，就連和陌生人通電話也很困難。為什麼會有人這麼怕生呢？還有，如何才能擺脫與陌生人見面帶來的恐懼？

與陌生人來往很吃力的原因

我們之所以害怕與陌生人見面,是因為完全無法預測對方的下一步舉動。人類在面臨難以預測的情境時會感到不安。無法預測的情境會造成不安感,而對於那些比別人更容易感到不安的人來說,與陌生人交談,更令他們感到害怕。

對極其怕生的人來說,不清楚和自己交談之人的底細,是很不舒服的。但只要面對的是熟人,即使對方容易生氣或說話粗魯,他們也會覺得比跟完全不認識的人交談來得更容易。這是因為即使談話時氣氛不佳,至少在面對熟人時還能預測。

另一方面,為什麼人們愈來愈喜歡透過簡訊或即時通訊軟體等文字方式來交流呢?我在前面的內容提到過,害怕與陌生人交談的人,很難應對無法預測的情況,對吧?就和這個原理一樣。電話交談可能會加深他們預測對方情境的難

度，因為透過電話交談時，他們無法親眼讀取對方的眼神、表情、手勢等非語言訊息，所以完全無法從對方那裡取得關於對話氛圍的線索。這會更令他們覺得難以理解對方的語意。

至於為什麼使用即時通訊軟體時，會感到輕鬆呢？因為現在可以在網路上找到愈來愈多的情緒線索，包括各種符號在內，可以使用的表情符號和貼圖變多了。因此，他們認為可以較多地表達自己的情緒或讀取對方的情緒。而且，在即時通訊軟體上收到訊息時，不必立即回覆，這給了人們更多思考的餘裕。雖然同樣會因為無法親眼讀取對方的反應而感到吃力，但是不用像通話那樣當場做出反應，所以相對於電話而言，使用文字進行交流會令他們感到更自在一些。

現代人的社交恐懼症 social anxiety disorder

最近，出現「電話恐懼症」（phone phobia）的人數急遽增加。電話恐懼症並不是一種精神疾病，它更像是一種社交恐懼症，症狀是在與陌生人見面或在人前發言、演奏等社交場合中感到不安和恐懼。實際上，雖然鮮少有人因為「電話恐懼症」去醫院就診，但據說因社交恐懼症接受治療的人當中，有不少人有電話恐懼症。社交恐懼症在我們的生活周遭出乎意料地常見。根據美國國家精神健康研究機構的調查數據，在美國成年人中約有一千五百萬人患有社交恐懼症。

即使如此仍然該與陌生人見面的理由

在此想要介紹一篇研究論文，給害怕與陌生人交談的讀者朋友參考。最近有一項令人難以置信的研究結果顯示，與陌生人交談可能會形成一股強大的正向力量。

人們普遍認為，互不認識的兩人，通常不太會對彼此的想法產生什麼興趣。然而，由美國西北大學心理學家麥可‧卡達斯（Michael Cardas）博士以及其團隊發表的該項研究顯示，與素昧平生的陌生人進行有意義的對話，不僅可以提升

心理幸福感，還可以提高洞察力。

　　研究團隊以一千八百多名參與者為對象，進行了十二項實驗。首先，他們讓陌生人兩兩一組，針對輕鬆的主題及深入的主題進行討論。輕鬆的主題包括：「你覺得上個月看過的電視節目中哪個最好看？」或是「你覺得今天的天氣怎麼樣？」之類不會造成負擔的話題。反之，深入的主題則包括像「你能說說在別人面前哭泣的經驗嗎？」這種涉及個人深層情感的話題。

陌生的兩個人

對話前的確認事項
・你覺得和對方交談時會有多尷尬？
・你覺得你會多麼享受和對方交談的過程？

輕鬆的主題
・你覺得上個月看過的電視節目中哪個最好看？
・你覺得今天的天氣怎麼樣？

深入的主題
・你能說說在別人面前哭泣的經驗嗎？

在進行這兩種類型的對話之前，研究人員首先詢問了參與者，讓參與者預測與對方交談時會有多尷尬，並預測自己會有多麼享受和對方交談的過程。對話結束後，再讓參與者評價實際交談的尷尬程度和愉悅程度。

結果非常有趣。大多數參與者表示，實際交談時並沒有像事先設想的那麼尷尬，反而比自己所預期的要開心。而且重點是，這種現象在進行深入對話後更加明顯。

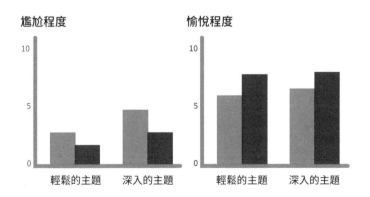

因此，研究人員進行了額外的實驗。在額外實驗中，參與者與兩名對象輪番交談，其中一名進行深入的對話，另一名則進行輕鬆的對話。假如是正在閱讀這本書的你，會覺得哪一種對話比較好、比較自在呢？實驗結果顯示，實際參與者更願意與陌生人深入對話。

與陌生人對話能讓自己成長

與陌生人深入對話，怎麼會對我們的生活造成積極影響？或許有人會對此感到訝異。但是仔細想想，實際上我們需要心理方面的協助時，的確可能去找陌生人聊一些比較深入的話題。這就是心理諮詢。然而，為什麼這麼做，會有幫助呢？

首先，愈是面對陌生人，我們就愈容易開口說出自己的問題。而且在說明的過程中，我們的描述會逐漸變得清晰有條理。

其次，透過這個過程，我們可以重新整理自己的情感。為了向完全不了解我們的陌生人解釋清楚，我們反而能更加客觀地檢視自己的情況。

心理學家常說的一句話是「對象改變時，描述方式也會改變」。舉例來說，如果要向幼兒園學生說明什麼是電子計算機，可能會說「它是一種可以輕鬆進行加法和減法的機器」，但是對物理學系和電子工程學系的學生說明時，就不能這麼簡單地解釋了。

我們的情感也是如此。跟親近的人說話時，我們可以非常輕鬆簡單地描述自己的感覺。但是對陌生人說話時，就需要客觀地描述自己的問題並且自行下定義。對象改變時，描述方式也會改變，所以當然有可能會用更多的角度來看待自己。

正如前面提到過的一樣，我們害怕與陌生人交談的原因在於無法預測。但如果換個角度看，這也意味著我們需要做更多的準備，因為還要應對尚未掌握的變數。

所以，我們不妨這樣想：與陌生人交談愈困難，我們就愈能在與他們往來的過程中逐漸成長。「透過這次見面與對話，我可以獲得更多的成長」，如此重塑思維，對於克服恐懼將會有相當大的幫助。

如果還是害怕與陌生人見面

在這裡提供一個祕訣，給仍然害怕與陌生人見面和對話的讀者朋友參考。工作上難免需要與陌生人見面或是通電話，要是實在太害怕，那麼什麼時候進行這件事會比較好呢？如果可以自己選擇時機的話，建議安排在早上一開始工作時就進行。因為上午是大家起床或上班後最有活力的時間，想必對方也是如此。趁精力充沛的時候進行困難的事情，無疑是最理想的。

利用上午的時間進行重要會議或通話，還有另一個好處。覺得沉重或害怕的事情如果一直拖延，負擔感和恐懼感只會變得更大。因為只要一想到必須完成那麼困難的任務，就會加倍痛苦，甚至可能會發生糟心的事，一整天就這麼毀了。所以不要逃避或拖延，該面對的還是早點面對比較好。

另外，如果必須與陌生人對話，一定要提早做一件事，那就是在前一天好好休息。這樣才能蓄積更多的能量，讓自己盡可能保持良好的狀態。

當人感到疲憊時，真的會什麼都不想做。就連往前走一公尺去拿個遙控器，也彷彿走了九萬里路一樣累。而且在疲憊時，焦慮不安的想像也會被放大。在疲憊的狀態下，就連

跟認識的人交談起來都很吃力了，更何況是跟不認識的人對話呢？即使是頗具親和力、社交技巧高超的人，在疲憊的時候也不容易做到。因此，儲備足夠的能量和心理資源並且做好準備，是非常重要的。

面對陌生人時總會感到害怕，是一種很自然的反應。作為心理學家的我也不例外。至於「儘管害怕，我還是要鼓起勇氣」則是一種決定。「反應」和「決定」是截然不同的概念，兩者的發生順序也完全不同。反應會發生在每個人身上。「害怕見到陌生人」這種反應的程度可能因人而異，但任何人都會經歷。然而，「雖然很害怕，但見面再說」卻是個人所下的決定。

不僅是恐懼，「憂鬱」也是如此。每個人都有憂鬱的時候，但是每個人的應對方式都不一樣。可能會繼續憂鬱下去，也可以自己「決定」從憂鬱中解脫出來。只要能掌控自己，就有可能自己改變決定。

在與陌生人見面之前感到「害怕」或「有負擔」是很自然的反應，而有的人會選擇停留在這樣的反應中，就這樣算了。但是，你也可以選擇「儘管害怕，我還是要克服，先見個面看看」。決定權掌握在你的手中。

我想表達的並不是「一定要鼓起勇氣」、「不鼓起勇氣很奇怪」。但是，我想建議各位至少嘗試一次，只有勇敢過，才能在日後遇到類似情況發生時決定是不是要勇敢，或是有沒有必要勇敢。將來的發展，會根據個人性格而有所不同。希望我們都可以不要從一開始就以「反應」結束一切，而是能鼓起勇氣自己「決定」一次看看。

如何避免
被愛發脾氣的主管盯上

＃神經質保護罩

＃尖銳

＃消極的語言習慣

　　有些人似乎每次交談時就容易發脾氣，即使我們並沒有說出什麼特別的話。同樣的內容，明明別人聽了都覺得還好，但這些人總是微妙地帶有一絲不耐煩。

　　所以很難跟這種人搭話。與他們交談的時候，我們可能會納悶：「難道我做了什麼讓他們生氣的事嗎？」最終，對話結束後只會留下不愉快。

　　然而事實上，無論去哪個團體、工作場合，甚至朋友聚會，都可能會遇到這種神經質的人。這些人到底為什麼會變得這麼尖銳，言語中總是流露出神經質和不耐煩呢？

選擇以神經質作為自我保護策略的人

雖然有各式各樣的原因，但若想要找出他們採取這種行為的理由，通常需要追溯到童年時期。因為他們很有可能不曾被糾正過說話方式，也沒有被告知過不能那樣說話。或許是他們太過嬌生慣養，又或許是他們的父母或照顧者等周遭的人，對他們的說話習慣並不在意。由於沒有適時得到改正，他們便一直使用會令別人覺得反感的方式說話。

另一方面，也有些人會不自覺地選擇發脾氣或表現出神經質的樣子，作為一種自我保護的方式。這裡說的「不自覺」，是指他們在不知不覺間發現這種做法會讓自己感到舒服，於是就習慣性地使用下去。

發現每當展現笑容時都會帶來好結果的人，就會經常笑。甚至在面帶笑容的結果不好時，還會反思：「是不是我笑得不對？我笑得很奇怪嗎？」這種人即是選擇「微笑策略」作為自己的主要生存方式。

像這樣選擇微笑作為生存策略的人，會根據情況或對象的不同，精心發展出不同的笑容技巧，然後把這個當作和別人建立關係或開啟對話的方法。

換句話說，有些人也可能基於同樣的目的選擇發脾氣或

罩上「神經質保護罩」

表現出神經質的樣子，不然「會哭的孩子有糖吃」這句俗話，又是從哪裡來的呢？就是因為他們知道這個方法行得通，所以會思考，怎麼樣透過發脾氣或微妙地調整情緒來促成他們想要的結果。

此時此刻，或許有人正在地獄裡苦撐

當一個團體中有神經質的人存在時，最大的問題是一定會出現一個嚴重的受害者。他們會出人意料地盯上某一個人，並將情緒發洩在那人身上。儘管他們似乎總是處於煩躁狀態，對任何人都表現得不耐煩，但其實他們早就已經鎖定好自己的「發洩對象」。而之所以採用這種方式聲東擊西，

是因為大部分的人一旦知道有這種人存在，都會能躲則躲。

因此，那些在工作上無法避免和他們往來，或是職位太近而難以迴避的人，尤其是那些被公認「笑容可掬的人」，往往會成為他們的目標。因為那些人無法採用跟他們同樣的做法，也不敢與他們指著對方鼻子互罵。典型的情況是，這種人會跟同類的人互利共生，並將完全不同類型的人視為獵物以求生存。所以，他們所在的團體肯定有一個人正處於極其艱難的境地，說是身陷地獄也不為過。因此必須持續觀察，找出這樣的受害者在哪裡。

如果我們和這種容易發脾氣的人關係不親近，只要保持距離就可以了。然而，要是我們和他們關係緊密，或是需要他們所具備的某種能力，那麼就應該告訴對方，像他那樣發脾氣，終究不是解決問題的好辦法，反而會導致問題惡化。但是，要開口告訴對方需要很大的勇氣。實際上，這也是教養孩子時可能發生的問題。

例如「爸爸本來要買這個給你，可是因為你發脾氣發得太過火，我就不買了。」或是「我本來想聽聽你怎麼說，可是因為你莫名其妙發脾氣，所以我不聽了。」在這裡很重要的一點，就是一定要加入「莫名其妙」和「太過火」等表達程度的詞語。

「是因為你發脾氣才不買給你」和「是因為你脾氣發得太過火才不買給你」是兩種全然不同的說法。前者會導致對方侷限於「能不能發脾氣」的二分法思考，後者卻能夠讓對方考慮到「我應該發多大的脾氣才算適當」。

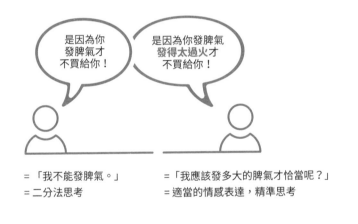

= 「我不能發脾氣。」
= 二分法思考

= 「我應該發多大的脾氣才恰當呢？」
= 適當的情感表達，精準思考

不該向神經質的人提出的問題

　　那麼，面對成年人時應該如何處理呢？當一個人發脾氣讓人感到不適時，通常意味著他表達得太強烈了。在這種情況下，為了調整那人說話的用字遣詞，首先應該要詢問他：「你現在這樣發脾氣是有多生氣？」而不是一直看對方的眼

色或是一味地反擊，不然對方不會知道這個問題到底有多嚴重。這種人在發脾氣或變得神經質時，通常會讓另一方在那瞬間選擇迴避或是答應自己的要求，這會讓他們認為「以後我要多多使用這種方法」。

對於經常試圖透過發脾氣來為自己創造有利條件的人，我們需要應該一臉正經地反問：「請告訴我你有多生氣，是生哪方面的氣，是怎樣的生氣法？」，這樣對方就會陷入相當棘手的局面。因為如果回答「我什麼都不滿意！」，自己在那一刻就會變成一個「脾氣暴躁的人」；如果回答「是因為某某原因」，那麼自己過於憤怒的事實就會被揭穿。

在這種情況下，最應該避免的問題是「你為什麼發脾氣？」或是「你為什麼生氣？」。如果問「為什麼」，容易讓對方變得更情緒化，而說出「就是因為你的工作態度太差了」這種話。這種回答令人摸不著頭緒，而且對方這樣說，等於是把自己的責任都推卸掉了。但是，如果問對方「對哪個部分不滿意、希望如何改進」，便能讓他們把焦點放在工作上，就事論事。這樣對方就很難拿我們的情緒、態度、姿勢來作文章。

對於那些在批閱文件時發脾氣的人，我們可以說：「請告訴我您不滿意哪一頁的哪個部分，我會反映上去。」假如

對方回答的方式是「因為你們怎樣怎樣我才生氣」，那麼他就等於是挖坑給自己跳。相反地，如果我們問「為什麼您那麼不滿意？」，對方就會把原因歸咎到我們的做事方式上，導致事態往有利於對方的方向發展，助長他們的氣焰。最終，我們將被捲入這些容易生氣的人的計謀中。

因此，絕對要避免問出「為什麼」這個問題。尤其如果對方的地位比你高，或是握有事情的主導權，這種策略會更加有效。

了解神經質掌權者的特性

假如自己的主管是一個神經質的人，自己肯定會想盡辦法避開他。我理解這種心情。但是如果每次都躲避，對方總有一天會察覺到。一旦知道我們一直在躲避，對方可能會更把我們逼到角落裡折磨我們。因此，重要的是要懂得區分何時必須適度回應，進而找出可以迴避的時機。

為此，首先需要了解神經質掌權者的特性。掌權者通常會說他們更喜歡自己的右手或是慣用手。這是什麼意思呢？自認掌握權力的人，即使是寫同樣的字或是拿同樣的東西，使用右手去做的時候比較不會抱怨。反之，認為自己手中無

權的人，即使被要求用左手寫字也不會在意。

此外，掌權者在熟悉的事情上比較不會發脾氣，神經質的主管可能也是一樣。當他們處理自己熟悉的事情或日常熟練的工作時，通常會比平時少發脾氣或變得神經質。因此，如果已經避無可避，那麼最好的策略就是，趁主管正在進行熟悉的工作或是雙方曾經共事、已經上手的工作時成為合作伙伴，這樣可以減少激怒對方的風險。

反之，假如那位神經質的主管正要挑戰新的工作內容，那麼儘量避免碰面才是上策。萬一還是發生不得不一起共事的情況，就請按照前面所說的，儘量避免使用帶有「為什麼？」的句型進行交談。

那麼，當自己的好朋友是這種人時，又該如何應對呢？神經質的人的特點是經常使用消極的說法，例如「不，算了」、「不，不行」之類的話。如果我們跟那位朋友很親近，可以試著模仿一下對方的語氣。假如對方聽到後覺得不舒服，問我們為什麼這樣說時，我們便可以告訴對方他的語氣就是這樣。

要是彼此的關係不太親近，這個辦法可能會有點尷尬，對吧？面對使用消極說法的人，必須讓對方說出的那句話使不上力。我們可以問對方：「你那樣說是什麼意思？」

如果對方慣常說「啊，算了」，表示對那個人而言，那句話可能只是一種單純的反應。在這種情況下，如果我們再輕鬆地打斷對方，問他「啊，算了」是什麼意思，他或許就會開始反思自己話語中的負面含意。

很神經質就一定是壞人嗎？

容易不耐煩、發脾氣，難道就一定是壞事嗎？我想說的是，其實不必一直用負面的眼光看待這個問題。一個很神經質的人，實際上可能相當有能力。當然有可能像前面提到的那樣，是把神經質當作解決問題的方法，但也有可能恰恰相反，是因為他天生擁有敏感的神經系統，也就是所謂的高敏感族群（highly sensitive people）。

丹麥心理治療師伊麗絲・桑德（Ilsa Sand）在《高敏感是種天賦》（*Highly Sensitive People in an Insensitive World*）一書中表示，真正敏感的人之所以會顯得較為消極負面，是因為他們能夠看到我們看不到的層面，而且這些敏感族群的另一個特徵就是，對自己和他人的期望標準比較高。尤其是在從事專門職業、藝術領域或是要求高精密度的工作的人群當中，這種情況更為常見。

對於那些將神經質和煩躁視為問題解決途徑的人，可以採取迴避或管理的策略。但如果對方是因為天生敏感，而看見並感受到更多我們沒能察覺的部分，那麼他們所展現的負面言行可能是自身擁有的才能所致。這種人擁有我們所沒有的能力，所以我們不該迴避，反而應該把他們當成共存的夥伴。

要如何和那些天生比別人敏感易怒且神經質的人，和諧共處呢？關鍵是要調整我們自己的步調，因為這些人處理事情的速度往往比較慢。雖然他們看似在每件事情上都很神經質，但是這些人通常是在工作結束得比自己所預期的還要快時才會焦躁不安。他們可能會說：「再看看吧！現在還不是時候。」雖然這樣看起來像是找碴、扯後腿，但是以他們的標準來看，事情還不算完成。如果你以為被耽擱了而催促他們加快進度，可能又會再惹他們發脾氣。

有兩種方法可以尊重並滿足這些敏感的人。如果我們是前輩、主管或握有權力的人，那麼我們應該果斷地告訴他們「進行到這裡剛剛好」。但如果情況相反，我們就需要在他們花費的時間上賦予意義，比如說：「部長，這項工作的確需要三個小時才能完成呢！」

敏感的人會被這樣的說法感動，因為他們實際上就是認

為這項工作需要花這麼長的時間。而且，由於我們尊重他們所投入的時間，並且配合他們的工作速度，他們便也會尊重我們，認為我們是一個懂得為別人考慮且很有眼光的人。

最後，請一定要記住，與習慣性發脾氣的人打交道時，淡定是最好的應對方式。

應對敏感之人的方法

敏感的人通常較為情緒化，但他們並非在生活中的各方面都情緒化。若以刻度來表示，心態成熟的人一般會將各種情緒劃分出七種程度，而敏感的人在某些情緒上只會劃分出兩種程度，也就是只剩下「好」或「壞」的區別。舉例來說，如果對方在「自尊心」的感受上只有兩種刻度，那麼只要稍微觸發對方自尊心的感受，對方就會變得敏感。因此，在面對情緒化的人時，需要觀察對方在哪些情緒感受上劃分的刻度區間較多、擁有較大的彈性空間，這樣對方也較不容易出現激烈的反應。假如對方在「自尊心」的感受上只劃分出兩種程度，但在感受「失落」這方面擁有較大的彈性空間。在這種情況下，與其說出會觸發他們自尊心的話，不妨換個方式，改用可能會觸發他們失落感的說法來對話看看。這麼一來，應該就能使對方的敏感程度得到緩解。

喜歡「想當年」的人
的心理

＃新復古

＃回憶的正向功能

＃效能感

＃鏡像神經元

　　隨著 Cyworld[13] 重新開始服務，韓國社會掀起了一股恢復那時期相簿、日記來重溫美好回憶的熱潮。儘管有些照片簡直稱得上是黑歷史，但是依然有很多人一邊將以前的照片上傳到社群網站，一邊回想起過去的自己。

　　事實上，當我們與朋友見面聊起過去的事情時，會感受到快樂。如果與某人見面交談得非常愉快，那麼，大部分的對話內容可能都是圍繞著自己以前的經歷或是彼此共同的經歷所展開。尤其當交談對象是自己的小學、國中或高中同學時更是如此。往事無論再怎麼聊都

---

13 Cyworld 為韓國最大、最成功的社群網站，擁有兩千兩百萬會員。Cy 的韓文意思是「我們之間的關係」。

很有意思，甚至包括服兵役時的經歷也值得回味。為什麼我們在「想當年」時會愈聊愈開心，如此懷念以前的那段時光呢？

新復古風潮背後的心理

在新冠肺炎大流行之後，出現了幾個全新受到關注的關鍵詞，其中之一就是「新復古」（Newtro）。新復古是一個新詞彙，是指以現代的觀點重新詮釋復古並享受復古的趨勢。由於使用得太過廣泛、頻繁，以至於很難稱之為新詞彙。許多企業競相推出新復古產品，而尋求新復古體驗的顧客也消費這些產品。在新冠疫情大流行期間，所有人都因而產生危機感時，為什麼懷舊復古會更受歡迎呢？

復古的核心是「回憶」。許多研究顯示，回憶不僅僅是過去發生的事情，它還能為未來提供能量。也就是說，回憶往事可以讓人獲得明天生活所需的力量。這麼說來，為什麼一邊回想過去，一邊說著「想當年我怎樣怎樣」的時候，會讓我們產生力量呢？

關於這方面有不少有趣的研究，其中囊括了康乃爾大學著名心理學家托馬斯・吉洛維奇（Tomas Gilovich）教授於

一九九五年所發表，多項針對人類的後悔進行的研究。吉洛維奇教授的研究團隊，首先在各項研究中提出「有沒有什麼令你後悔的事情？你有多後悔？」這類的問題，然後根據答案，將人們的後悔分為兩種類型。

第一種類型是對沒有採取行動的事情感到後悔，例如「那時我應該多讀書」、「當初我應該多關心那個人」等。第二種類型是對已經去做的事情感到後悔，例如「我不該結婚」、「我不該進入那間公司」等。

然而，研究團隊觀察到了相當耐人尋味的結果。隨著年齡的增長，人們對沒做的事情會愈發感到後悔，其程度遠大於已經做過的事情。換句話說，縱然已做的事情結果是失敗的，人們也並沒有那麼後悔。已做的事情即使結果不好，仍

然會被視為一段回憶。

對於男性來說，軍隊生活雖然各方面都很艱辛，但也正因如此，軍隊生活成為他們難得的回憶。這是由於他們當時做了些什麼的緣故，而這些經歷也容易衍生出讓他們將來進行某些事情的能量。

一般認為「後悔」的反義詞是「滿足」。因此，談論已經做過的事情時，應該更接近於滿足而不是後悔吧？

回憶也能減輕當前的痛苦

最近《神經科學期刊》（*Journal of Neuroscience*）發表了一項研究結果，證明了回憶對我們產生了非常強大的影響。這項研究由中國科學院和遼寧師範大學共同進行，科學家向 34 名參與者展示了遊戲、懷舊糖果等能喚起童年回憶的物品的照片。與此同時，他們還施加了極高溫的熱刺激，並透過 MRI（核磁共振）測量參與者在這一過程中感受到的痛苦程度。

然後，他們反覆進行這一過程，但展示的是當前使用的物品或現在的風景照。結果有何不同之處呢？他們觀察到，實驗參與者在看到喚起童年回憶的照片時，實際上感受到的

痛苦較小。這項實驗揭示了舊時回憶甚至能夠減輕當前感受到的痛苦。

　　為什麼喚起過往的回憶會形成一股能量，甚至成為讓人戰勝痛苦的力量呢？因為當我們回憶往事時，不僅僅是單純地懷舊。我們會產生再次體驗過去的願望，而這個願望會成為明天生活的原動力。

　　很久以前就有人針對過去的力量（the power of the past），也就是往日情懷所引發的能量進行研究。英國南安普敦大學的心理學家雅各・尤爾（Jacob Juhl）教授就是研究這一個反向現象的代表學者。他和他的研究團隊讓實驗參與者回想自己過去的經歷。其中一半的參與者被要求回想過去值得回味的美好時光，另一半則被要求回想在特定時間前後發生的事情。前者勾起了參與者對往日的懷念，而後者讓人想起單純的日常記憶。

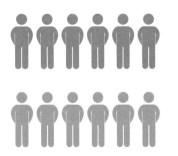

回想過去值得回味的
美好時光
＝勾起回憶

回想在特定時間前後
發生的事情
＝想起日常

研究人員隨後對這兩組參與者都分配了各種任務。其中有些任務只要自己努力就能完成，有些任務則需要和別人共同合作。後來的結果相當驚人。

　　思念家鄉、懷念往昔或回憶起正面往事的人們更積極地投入於合作型任務中，同時也更堅信任務會成功。當然，他們執行任務的結果也很出色。然而有趣的是，這種往日情懷帶來的刺激，在不需要與其他人合作的任務，也就是只為個人完成的任務中幾乎沒有展現出效果。

　　這個結果說明什麼？它告訴我們，如果我們能夠重溫「過去與其他人一起取得成就並獲得滿足感的記憶」，我們就能為未來發揮巨大的力量。這種力量在心理學中被稱為效能感（efficacy）。我們不由自主地在過去的眾多記憶中尋找能重新激發這種效能感的關鍵線索，這也反映出為什麼「新復古」會蔚為風潮。

　　由此又衍生出一個有趣的問題！為什麼從未經歷過昔日那段歲月的年輕世代也喜歡新復古風？據說 tvN《請回答》系列韓劇的主要收視群之一就是現在十幾二十歲的年輕人。當時我也和兩個分別就讀小學、國中的女兒一起認真追劇。完全沒有經歷過那個年代的人，為什麼會喜歡看《請回答》這種懷舊連續劇呢？

法國精神分析學大師雅克·拉岡（Jacques Lacan）曾說過這樣的話：「人的欲望就是他人的欲望。」因此，我們也能夠回憶他人的回憶。可以隨時重溫前輩或父母一代的記憶並且進行消費，這是人類獨特的一面。「當時有什麼事情那麼令人開心？而當時的人又為什麼會那麼開心？」藉由這樣的思考，我們可以追溯並發現那份快樂。這是因為人類擁有鏡像神經元，又稱為模仿神經元，這讓我們可以模仿他人。模仿是一種非常有效又奇妙的機制，因此我們可以一次就學到上一代人所感受的快樂。

班度拉的自我效能（self-efficacy）理論

是指相信自己能夠解決問題的信念或期待。這是社會學習理論的創始人亞伯特·班度拉（Albert Bandura）提出的概念，有時也被稱為「自我效能感」。為了提高自我效能感，需要反覆的成功經驗、模仿學習經驗、語言說服以及鼓勵等，其中成功經驗對自我效能感的形成最具影響力。

如果不想成為「喜歡想當年的前輩」，該怎麼做呢？

然而，無論回憶再怎麼美好，如果一天到晚在後輩們面前談論過往的事情，這樣的前輩應該不怎麼受歡迎吧？想要避免成為這樣的前輩，該怎麼做呢？

首先，要想一想不受後輩們歡迎、「喜歡想當年的前輩」是什麼樣的人。或許這些愛想當年的前輩都只愛倚老賣老，不願意聽後輩們說話。如果我們能傾聽後輩的故事，並為他們提供必要的建議，那麼即使我們提及自己的經歷，後輩們也不會認為我們又再想當年而在心中默默翻白眼。但是有些人自以為「應該需要提那件事吧？」，然後自顧自地吹噓過往的豐功偉業，最後再來一句「我當年做得這麼好，你們這些年輕人真應該多學著點」，所以才會被戲稱為「喜歡想當年的前輩」。

其實，與前輩們相比，現今年輕一代的生活絕對沒有過得比較懈怠。根據各種證照考試、各項成績及行動指標來看，他們反而表現得比前輩們更優秀。實際上，當我跟同樣五十多歲的朋友們聚會聊天時，雖然我們偶爾會表達對年輕後輩的擔憂，但是稍微有點醉意後，也會發出「幸虧我不用跟這些年輕人一起競爭」之類的感嘆。

練習理解他人的心理

前輩們擁有累積多年的資歷，以及共同合作成功的經驗。如果想要傳承這些經驗，那麼在與後輩交談時，應該要先肯定他們的表現、認定他們的價值。

　　「你真的很厲害。我在你這個年紀做得沒那麼好，也沒有那麼拚命。」

　　與此同時，最好不要只談論自己，而是要分享自己以前透過團隊合作成功的經驗談。換句話說，不是要叫後輩無條件按照我們所說的去做，而是要讓他們知道還有這樣的方法可以參考。

　　如果像這樣分享合作的經驗，不僅會顯得謙虛，也不會讓人覺得是在「想當年」。然而，有人在傳授經驗時一味地自吹自擂，絲毫不提當時的其他合作夥伴或情況，才會導致後輩就連其他有益的內容也不想聽。

　　我們最願意向怎樣的前輩學習呢？就是那些遇到自己不懂的事情就坦承不懂的前輩。聽到前輩直率地說出「以前真沒想到會有這樣的未來」時，會想要與這位前輩一起暢想未來，同時也會期待自己的未來產生更多的變化。因此，我們才會不喜歡那些老是將「我早就知道會這樣」掛在嘴邊的前輩。

對 MZ 世代感到無力的前輩們

另一方面，也有許多老一輩的人覺得跟 MZ 世代的人相處起來很辛苦。我想問問為此感到苦惱的前輩們：「後輩和我們有什麼區別呢？」通常，大多數前輩會回答說年輕一代都沒吃過什麼苦，而我也非常贊同這個回答。但是，年輕一代卻比我們面臨更多的挑戰。

我還記得家裡第一台電視機出現的那一天；記得第一次使用熱水器的那一天；記得家裡安裝第一台洗衣機的那一天。我的母親經歷過手洗衣物的辛苦，我也經歷過在寒冷的冬天用水壺燒熱水後倒進臉盆裡洗頭的不便。而我的女兒並沒有受過這種苦，但是她們有關於生活的煩惱卻比我還多出許多。

為什麼會這樣呢？就我們這一代而言，似乎總是能清楚看見該走哪條路。這也是開發中國家的好處之一。但是就在不久前，韓國進入了已開發國家之列。成為已開發國家，不就意味著先前該走的路已經走完，接下來前進的方向有待確定了嗎？ MZ 世代之所以有許多煩惱，是因為他們成為了第一代需要自己設定前進方向的人。

練習理解他人的心理

好，那麼對於雖然吃的苦比我們少，但煩惱卻比我們多的後輩們，我想我們可以這樣說：「想必你們有很多煩惱吧？」這樣一來，他們也會對經歷過許多艱苦日子的前輩們產生「是啊，我們的前輩沒那麼多時間煩惱，他們那一代被迫吃了許多苦」的感覺。試想，如果一個團體或公司組織的前輩和後輩之間能尊重彼此是「比我們更為苦惱的一代」和「比我們吃更多苦的一代」，是不是更能夠相互教授和學習，創造出更多跨世代的加乘效果呢？

物以類聚時
產生的危險

#相似性

#文化智商

#關係的真誠

　　我們在生活中承受了許多壓力，不過造成壓力的最大原因卻從來沒有改變過，就是人際關係。幾乎沒有人能否認這個事實。因此，許多人會說：「我想要找一個和我一模一樣的朋友。如果只跟想法相似的人往來，就不會覺得累了吧？」難道真的是如此嗎？

　　俗話說「物以類聚」，對吧？仔細看看周圍，我們會發現已經有很多和自己類型相似的朋友了。但是你知道嗎？如果周圍都是和自己相似的人，這樣反而會很危險。接下來，會告訴大家為什麼物以類聚會有危險，以及為什麼需要與不同類型的人往來。

物以類聚是否能減少衝突？

事實上，與相似類型或相似性格的人往來並相處，也就是所謂的「物以類聚」，其中的含義相當可怕。與相似的人往來並不意味著不會爭吵，反而可能會吵得更厲害、更蠻不講理。這是透過人類悠久的歷史一再得到證明的事實。擁有相似宗教信仰的人更容易激烈鬥爭，擁有相似文化背景的國家更容易發生衝突。反而是性格完全不同的人之間不太會發生爭執。為什麼呢？因為彼此太不一樣了。

下面我將進行一個實驗來展示這一點。實驗分為兩組，一組是桌上型電腦和筆記型電腦，另一組是桌上型電腦和貓。桌上型電腦和筆記型電腦看起來很像，反之，桌上型電腦和貓看起來很不一樣吧？好，那我們來寫一下這兩組的差異。哪一組能寫得更多呢？

桌上型電腦和
筆記型電腦

桌上型電腦和貓

實際上，如果在課堂上限時二到三分鐘，要學生寫出桌上型電腦和筆記本電腦的差異，以及桌上型電腦和貓的差異，學生們會寫出更多關於桌上型電腦和筆記本電腦的差異，包括顯示器尺寸、鍵盤排列方式、有沒有電池等等。但是對於桌上型電腦和貓的差異，學生們會覺得無從下筆，寫完「生物和無生物」這一點之後就想不到其他的了。就像這樣，當兩者相似時，能看出更多的差異，可是像電腦和貓之間的差異太大時，甚至連比較都很困難。

同樣地，當我們與跟自己太不一樣的人相處時，反而不容易起爭執。因此，雙方為了雞毛蒜皮的小事起衝突的情況不多，相處起來更為輕鬆。換句話說，與不同類型的人相處時，雙方發生爭吵的機率，通常會比跟同類型的人相處時來得小。

物以類聚還有另一個危險，就是當彼此之間發生衝突時不易解決。性格相近的人就是因為彼此合得來才會常常聚在一起，一旦起了衝突，也沒有別的地方可去。因此，為了與同類人之間維持健康的社交關係，平時也需要與其他不同類型的人往來。

多樣化的人際關係對個人幸福的影響

最近有一項調查結果顯示，與各種不同的人建立關係有多麼重要。根據二○二一年十月發表的韓國調查結果，多樣化的人際關係也會對個人主觀幸福感產生積極影響。為什麼會這樣呢？

首先，調查機構提出了七種不同價值觀或身分認同的人，如政治傾向激進或保守的人、性少數群體、女權主義者、素食主義者、身障人士，以及擁有不同宗教的人。然後，詢問受訪者是否有符合這七種類型的朋友。如果答案是有六個或更多，接著就會詢問該受訪者是否感到幸福。

在那些表示與多種類型的人建立人際關係的受訪者中，有 75％的人回答「我很幸福」，73％的人回答「我對我的生活很滿意」。反之，在只與二個以下不同類型的人往來的受訪者中，回答「幸福」的人占 68％，回答「對生活滿意」的人僅占 59％。

透過這項調查，我們可以得知一個事實，那就是與多種類型的人建立關係的人通常比不這麼做的人更幸福，對生活的滿意度也更高。

理解與自己不同的人時需要具備的「文化智商」

提到 IQ，大家應該都非常熟悉吧？ EQ 可能也聽說過。IQ 涉及到解決數學或邏輯問題的能力，通常與 IQ 高度相關的方面稱為流動智力。至於我們所稱的 EQ，是指理解他人情感的能力，也就是情感智商。

然而，最近心理學家們開始認為「文化智商」（CQ，cultural intelligence）也是非常重要的因素。文化智商是指對來自不同文化背景的人之間的差異表現出興趣，並能夠接受和認同這些差異的能力。

一般來說，人們都希望別人能夠適應自己。也就是說，想要找到一個跟自己相似的人。但是，在當前這個變化頻繁、流動性較高的社會裡，能夠根據自己和他人的差異來進行互動，這成為了一項非常重要的能力。

文化智商高的人在文化差異較大的場合中，為了能與其他人好好相處，會展現出卓越的合作能力。在如今這樣的時代，還有什麼比分工及合作能力更重要的嗎？總結來說，與傳統上獨自解決問題的能力不同，文化智商高人一等的人在現代社會成功的可能性更高。

加拿大西安大略大學（Western University）商學院的林恩今

井（Lynn Imai）教授和馬里蘭大學的教授兼心理學家蜜雪兒・蓋爾芬德（Michele J. Gelfand），最近發表的研究支持了這項觀點。研究人員讓西方人和東方人（即文化差異較大的兩名參與者）組成一組，各組的任務是互相合作，將兩家商店搬到同一個位置，以創建一家全新的新創企業。而且，雖然各組的智力和性格相似，但在文化智商方面卻有所差異。

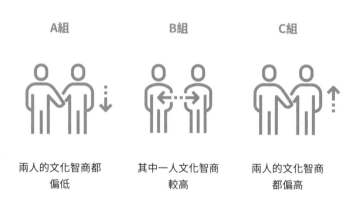

A組	B組	C組
兩人的文化智商都偏低	其中一人文化智商較高	兩人的文化智商都偏高

　　然而，研究結果非常明顯。兩人文化智商都偏低的團隊取得了最壞的結果；即使其中一人文化智商較高，結果也絲毫沒有改善。只有兩人的文化智商都高的時候，合作結果才會好。更重要的是，即使兩人在開放性、親和性等其他性格方面都完全沒有問題，依然出現了這樣的結果。也就是說，如果只有一方的文化智商較高，終究難以達到良好的合作效果。

思維應轉換成「因為與我不同，所以我需要」

能夠指出我們完全不了解的事情的人，最終是那些與我們不同的人。因此，我們不應該把這些人當作敵人。愈是把他們當作敵人，自己受到攻擊或損害的可能性就愈大。因此，與各種不同的人建立寬鬆但友好的關係比什麼都重要。

與其一味地排斥「因為與我不同，所以不合適」，不妨試著轉換成「因為與我不同，所以我需要」這樣的思維。當然，這並不是說因為有需要，我們就得要硬著頭皮和別人拉近關係。而是說我們需要帶著開明的態度，能夠與各種人進行交流，同時又能保持適度的距離，不至於彼此為敵的程度。這是因為與我們不同的人也會擁有不同的處世之道，假如可以和他們相處得很好，這也有助於提高我們的社會生存能力。

即使是同父同母的親兄弟姐妹，各自的性格也可能截然不同。相較於其他動物，這種差異在人類之中更為明顯。為什麼會這樣呢？因為人類並不是非常多產的生物。由於家庭成員數量有限，一旦遇到變化時，要是每個人都擁有同樣的性格而以同樣的思維來面對，解決問題的能力必然會下降。這就是為什麼雖然在同一個家庭中，兄弟姐妹卻是如此不同的原因。從進化的觀點也可以看得出來，人類被設計成需要

與各種不同的人往來的生物。

那麼，當接觸新的人時，我們應該重視什麼呢？

加拿大卡加利大學（University of Calgary）的李起範（音譯）教授透過研究揭示了人際關係的真諦，也就是人際關係並非取決於他人與自己的性格是否相似，而是端看雙方相處時是否真誠。心理學中的「真誠」意味著「真實性」，也就是不向對方隱瞞自己的真實意圖。唯有如此才能成為真正的好朋友。至於其他方面的差異，實際上並沒有那麼重要。

因此，如果希望與某人的關係能變得親近，就需要坦率地表達自己的意圖。而且隨著年齡的增長，我們更需要具有社交風度，能夠坦誠而有分寸地表達自己。我認為這兩點是我們在年齡增長的同時應該具備的最佳社交技能，也是最重要的能力之一。

結識新朋友的標準：真實性

　　包括加拿大卡加利大學性格心理學家李起範教授在內，許多研究者都開始關注人類的第六種性格特質「誠實／謙遜」（honesty-humility），也就是「真實性」。相關研究總結如下：

　　參與者和他們最好的朋友一起參與研究，各自回答有關自己和對方性格的六個問題。問題涵蓋了內向（外向）性、自律性、親和性、敏感性、開放（保守）性以及真實性這六個方面。

　　實驗結果顯示，參與者及友人對於對方的六個性格方面都有準確的了解。

　　但有趣的是，參與者對自己性格和對方性格的評價呈現高度一致的項目僅有兩項，那就是真實性和開放性。這表示，只有在彼此的真實性以及接受新變化的開放性程度相當時，才能更加親近。

　　這裡的開放性（或保守性）涉及價值觀的問題。如果價值觀不同，想要拉近關係就會更加困難。一旦開放或保守的人建立了緊密的聯繫，剩下的就是真誠。只要有一方的真誠度偏低，不幸和衝突就會開始，但如果雙方的真誠度都高，彼此的關係便有望維持很長的時間。因此，請不要忘記，在與新的人接觸時，最重要的特質就是誠實／謙遜，即真實性。

如何面對那些
暗中看不起我們的人

＃想要引人注目的欲望

＃功能性語言

＃溝通性語言

有次，大家聚在一起聊天。

「這件事我來做吧，○○好像不太清楚狀況。」

「隔壁部門的金主任股票賺了好幾千萬韓元。啊，對了，○○你沒有玩股票，這些話題對你來說可能很無聊吧。」

「天啊，這件衣服是△△品牌的最新款吧？喔，不過○○應該對這種衣服的品牌不感興趣吧？」

不過隨著對話的進行，莫名其妙地開始覺得只有自己心情變得愈來愈差。要是因為這樣就在大家面前生氣，似乎會破壞氣氛、讓情況變得很尷尬，所以也沒辦法這麼做。這正是我們在和那些不經意暗中看不起我們的人交談時，常常會感受到的情緒。如果對方明目張膽地看不起我們，起碼還有正當理由可以生氣，但現場有很多人，又只有我們自己被看不起，不僅沒辦法當眾發脾氣，就算生氣也只能默默憋在心裡。那個人到底為什麼要在一群人當中刻意挑出某個人當作目標來輕視呢？

對方到底為什麼只看不起我呢？

如果我們和某個人見面對話的過程中，覺得「這個人到底為什麼只看不起我呢？」時，需要先分辨一個問題，那就是這個行為的「歸因」（attribution）在哪裡。歸因這個詞，在心理學上指的是將某件事情或某個行為的原因歸結到何處。歸因的概念雖然看似簡單明瞭，實際上的情形卻相當微妙且複雜。因為根據人把發生的事情原因歸因於哪裡，會對其之後的思考和行動產生很大的影響。

看不起別人的行為類型，大致可以分為三種。第一種人會在團體中隨便挑選一個目標來輕視。今天是看不起我，到了隔天可能就會看不起另外一個人。而且要是我們沒有出現在那個場合，他們就會再挑出下一個人來輕視。假設是這種情況的話，就可以判斷問題的原因出在輕視別人的那個人身上。

　　第二種是無論在什麼情況下都只看不起我的人。不管是吃飯的時候、出去玩的時候，甚至是念書的時候，都只格外看不起我們。在這種情況下，對方看不起我們的原因極有可能出在我們身上。這並不表示責任在我們身上，意思是我們可以試著思考是不是因為我們本身的原因造成了對方這種行為。可能是由於我們的表現十分出色，也可能是由於我們的地位、或是對方和我們之間的關係才導致如此。

　　最後第三種，則是只在一些特定情況下才會看不起我們的人。面對這三種不同的情況，應對的方法也各有不同。

如果原因不同，應對方法也應該要不同

首先，假如對方在任何情況下都會找出某一個人來輕視的話，問題的原因很可能出在那個輕視別人的人身上。有時候某個東西的價值會取決於它放在哪裡，或是周圍有些什麼對吧？同樣地，對方會選擇公然看不起別人，可能是想運用策略讓身邊的人看起來比自己差或比自己糟糕，藉此使自己相對顯得更出色。

這些人的特點是隨時都希望自己能夠脫穎而出，在任何情況下都想由自己掌握主導權，權力欲望相當強烈。而他們掌握主導權的方式，就是看不起那些可能會反駁他們的言論、或威脅到他們權威的人。

為什麼這些人要堅持採取這樣的策略，專挑一個人來輕視呢？這是因為當五個人聚在一起時，要是看不起其中的三個人，被看不起的人可能會聯合起來。同時看不起好幾個人的話，反而有可能會讓自己失去主導權，所以他們會專門針

聯合
→ 主導權可能被奪走

對看起來發言權最弱、或是和大家關係比較不親近的某個人來輕視。

萬一對方只在特定情況下格外看不起我，或許這個情況對他而言是非常重要的時刻。例如一群朋友約好一起去打網球，對方只在那裡特別看不起我們，很可能他內心深處有一種強烈的信念，認為自己「至少在網球上不能輸」。

那麼，他為什麼會有這樣的心態呢？因為在這個場合或情境下，曾經帶給他非常不好的回憶。儘管他不希望連和朋友們相處也處於那種情況，可是大家一直說一定要一起去，於是最後演變成了這種情況。就像之前提到有些人會試圖利用顯露煩躁或變得神經質來解決問題一樣，有些人可能會產生一種錯誤的觀念，以為能夠透過看不起別人這個方法解決自己陷入的窘境。

最後一種情況，如果對方無論在什麼情況下都一律只看不起我們的話，這表示對方企圖讓我們做不了任何事、不想給我們任何機會。如果對方是我們的朋友，導致輕視這個行為的背後原因可能是他心中的不安，擔心有人會讓他處於不利的位置，或是妨礙他成為主角。

舉例來說，假設那個朋友有一個不想讓身邊的人知道的祕密，而幾個好朋友都已經知道了，這時他就必須拜託我們千萬不要告訴任何人。然而，他既不想拜託大家，又一直擔心就算拜託了也還是會被洩漏出去，那麼他會採取什麼策略呢？最有可能的策略就是，輕視所有知道祕密的朋友、不給我們發言權。萬一對方只輕視我們，他在某種程度上，可能已經把我們當成讓他沒有安全感的源頭。

練習理解他人的心理

自我表現欲（endeavour for recognition）

　　人有個體上的差異，但只要是人，無論是誰都會有一種希望自己的存在能被周圍的人或社會所認可的欲望。不僅是那些想要從群體中脫穎而出，或是迫不及待想吹噓自己的人，還包括那些說：「我只告訴在這裡的人……」好像自己知道重要祕密的人，這些人都有很強的自我表現欲。

面對看不起我們的人，應該使用溝通性語言

很多職場人士會問我這樣的問題：「如果我覺得一起工作的主管或同事特別看不起我，我應該坦白說出來並質問他們嗎？」

在這種情況下，最重要的是要坦白說出來，但不要質問。質問對方：「為什麼你看不起我？」這是最糟糕的反應。

對方只要說：「我並沒有這麼做，你為什麼要這麼想？」就可以逃避問題並脫身。這時候應該使用的不是「功能性語言」，而是「溝通性語言」。

功能性語言和溝通性語言是什麼，兩者又有何不同呢？如果醫生對一位罹患不治之症的病人說：「這個病是遺傳造成的。」這就是使用了功能性語言。聽到這番話的病人會有什麼感覺呢？可能會覺得難過，也可能會對父母有怨言。

功能性語言	溝通性語言
● 這個病是遺傳造成的。 ● 因為組長看不起我，讓我變得很疲憊。	● 您的父母親也因為這種疾病感到辛苦吧？ ● 組長很少給我發言的機會，我覺得很累。 ● 組長好像都不聽我說完，我覺得很難過。

在相同的情況下，假如另一位醫生說：「您的父母親也因為這種疾病感到辛苦吧？」這就是使用了溝通性語言。兩位醫生都是從概念上向病人傳達「遺傳」這個訊息，但是使用了溝通性語言的醫生，會讓病人在聽到時先產生同理心：「我父母親也因為這種疾病感到辛苦。」而不是先埋怨父母。

現在我們已經了解功能性語言和溝通性語言的差異，接下來就來看看，應該要如何運用。「因為組長看不起我，讓我變得很疲憊。」如果將這句話改用溝通性語言表達，結果會變得怎麼樣呢？「組長很少給我發言的機會，我覺得很累。」、「組長好像都不聽我說完，我覺得很難過。」改用這種方式表達的時候，假如對方不是故意要看不起我們，他們聽見這些話之後就會開始反思：「我的所作所為是不是會讓大家對我有這樣的誤會？」

就算對方在某種程度上是故意那麼做的，當他們看到自己的行為造成別人困擾時，除非是很惡劣的壞人，否則都會反省自己的行為，或至少稍微檢視一下。

最後提供給大家一個對話的小技巧。使用溝通性語言的時候，最好能夠附帶一兩件對方對我們很好、或是讓我們很喜歡的事。例如：「您都不會打斷我說話，不過卻很少給我

發言的機會，這讓我覺得有些難過。」類似這種程度就可以了，這樣對方就能更清楚地理解。

您都不會打斷我說話 … 提到「好的一面」

不過卻很少給我發言的機會，這讓我覺得有些難過 … 讓對方能清楚理解

請對方坦白說出自己覺得被輕視的原因

有時候，也可能會遇到有人對我們說：「你為什麼要看不起我？」在這種情況下回答對方：「我沒有這麼做。」對於解決問題並不會有任何幫助。這時我們需要請對方盡可能具體地描述為什麼會有被輕視的感覺，像是他說話說到一半被我們打斷、在對話過程中完全不給他發言的機會、或是說話時視線完全都不看向他等等。要是沒有這麼做，我們可能就很難確實了解對方為什麼會產生這種感受的原因。必須告訴對方：「如果你能更具體地告訴我，我會調整並改正的。」這樣才能有效改善彼此之間的關係。

但萬一我們的確看不起對方的話，應該怎麼做呢？同樣地，我們也需要具體並坦率地說出我們不喜歡對方的哪些行

為。如果不明白問題出在哪並加以改正，彼此之間只會積累愈來愈多的負面情緒。

這種情緒裂痕持續加深的話，就會導致比吵架還要糟糕的後果。彼此發生爭執，起碼雙方或是旁觀者會明白問題出在哪裡，但假如彼此都不願意開口說出來，問題就會一直存在，不會有人知道。

所有的疾病愈發展到後期，通常治療之後的效果就愈不樂觀。一些讓人格外害怕的疾病都有一個共通點，那就是很難早期發現。而發現得愈晚，治癒的可能性就愈小。人際關係也是如此。原本可以透過對話解決的問題，假如沒有及早發現、持續拖延，最後腫瘤就會化膿、變大，導致更嚴重的後果。因此，倘若這段關係不是我們可以任意斷絕或捨棄的話，希望我們都能應該坦率地運用溝通性語言，解開彼此心中的結。

想藉由輕視別人來凸顯自己的人，其中很糟糕的一點是認為：「我這麼做似乎能讓人們更聽我的話。」可是其實他們能夠一直維持這種想法，是因為他周圍的人就算知道了他這種行為也沒有加以指正，反而允許他繼續參與在團體當中。

要是有人在一個聚會上或團體中被輕視，那麼包括我們在內的所有人也都要承擔一定的責任。所以只要有人被輕視、處在令他感到不舒服的情況時，我們都應該果斷地指出來。至少我們應該要主動開口詢問，傾聽那個人的故事。假如我們繼續放任那些人帶著輕視別人的壞習慣，下一個受害者可能就是我們自己。

Q & A

◆

附錄

那個人說話總是很難聽，
為什麼會這樣呢？

Q. 我是一個準備結婚的準新娘，不過我有一個不久前剛結婚的朋友，她總是一直對我說她婆家的壞話，還說「這就是現實，妳一定要提早知道。」這位朋友每次說的話都很負面，而且不管別人跟她說什麼，她的回應都非常消極。我很好奇這位朋友的心理狀態。

相信有很多人看到這個問題都會心想：「我身邊也有這樣的人！」不僅是面對婚姻生活，連帶對其他所有事情都會以負面眼光來看待，並說出難聽話的朋友，她到底為什麼要這麼做呢？

在回答之前，需要先排除一種特殊情況，那就是雖然說話時抱持負面觀點卻幽默風趣的人。

我高中時有一位老師講話方式相當幽默。每次開始上課前，學生們問候他「老師好」的時候，這位老師都會回答我們「不怎麼好」。我覺得可以說他是一個用真誠征服地球的人，他也總是很真誠、坦白地說他非常擔心我們這些學生的未來。這樣的人只是真誠坦率而已。有這樣的人在我們身邊，反而能夠指引我們正確的方向、或是帶給我們一些啟發。而我們現在要討論的對象是那些真正負面，而且說話讓聽的人一點都開心不起來、對尋找解決方法也沒有任何幫助的人。

聽到這段話的人可能會大喊冤枉，覺得：「我沒有很負面，我只是說出了現實而已。」這裡有個方法可以清楚地區分出現實的回答和負面的回答。我們可以試著對他說：「今天的天空真美。」如果對方說：「天空有什麼好看的，你不知道現在空氣汙染有多嚴重嗎？」像這樣直接否定話題本身的意義，那麼他就是一個負面的人。現實的人即使這樣回答，後續也會提出一些解決方案。比如說：「空氣汙染很嚴重，就算天空再美也要記得戴好口罩出門。」

要給出負面答案很容易，要給出現實的答案卻不太容易，因為必須提供解決方案，也意味著要承擔一定的責任。所以，要是我們身旁有人說話很現實、經常提供解決方案，我們更應該好好珍惜。因為對那個人來說，我們在他心中也是相當重要的人。

說話總是負面又難聽的人有一個共通點，通常他們對自己經歷過的類似經驗都有非常負面的印象。而且他們會把自己個人的負面經驗當成正常發生的事。「我的經驗很糟，所以你的情況也不會好到哪去。」這種想法在心理學當中被稱為「以偏概全」（overgeneralization）的偏誤。

和記憶相關的心理學術語，有「初始效應」（primary effect）和「近因效應」（recency effect）。簡單來說，假設考試範圍是第一章到第七章，通常一剛開始學習的第一章內容，和最近學習的第七章內容是最容易被我們記住的。或許那位朋友的婚姻生活也是如此。因為一開始覺得很辛苦，最近也過得不太好，所以更容易說出負面的話。再加上她心中已經出現了以偏概全的偏誤，所以根本無法考慮到對方聽見對自己的話之後，會覺得自己說話難聽。

萬一我們自己就是這種說話負面又難聽的人，想要改變這種習慣的話，應該怎麼做呢？經常說話負面的人往往會打斷別人的話。實際回想一下，我們和別人對話的情況，我們很少會等對方說完話之後，再說：「我覺得這不太對。」對吧？一般我們更常會在對方說到一半的時候說：「等一下，那個才不是那樣。」

　　想要改掉說話負面難聽的習慣，最好的方法就是不打斷對方說話，儘量聽到最後。一下子要讓思考方式變得正面積極是非常困難的。就算我們告訴自己：「我應該從那個朋友的話裡面找到積極的一面，然後多說些好話。」也不太可能做得到。

　　不過要控制我們的行為會相對容易得多，就是要自己：「關上嘴巴，聽到最後吧。」只要聽對方說到最後，就可以大幅減少我們說出負面內容。所以，何不從簡單的這點開始試試呢？

Q. 我旅行回來之後沒有買什麼貴重的禮物，不過買了一些可以讓大家一起分享的點心。不想要的話可以直接說不用，想要的話說聲謝謝就可以了，但是為什麼有的人會一邊收禮一邊說：「你幹嘛要買這種沒有用的東西？」這到底是什麼心理呢？

本來開開心心收下禮物就好了，卻總是會有這樣說話的人。不管是我們出差回來途中順道買的禮物，或是在生日、特別的紀念日特意準備了什麼，都會遇到有主管說：「幹嘛要買這些沒有用的東西？」或是聽到長輩說：「家裡已經有了，為什麼還要買這個回來？」他們究竟為什麼會說出這樣的話呢？

《幸福的品格》（행복의 품격）這本書的作者，高麗大學心理學系的教授高永健（音譯），分別針對懂得接受禮物的人、和不懂得接受禮物的人進行了研究。根據他的研究結果顯示，不懂得接受禮物的人會從「這個我家裡也有」開始，一直說到「為什麼要買這種東西？」等，用各種不同的說詞讓準備禮物的人覺得尷尬又受傷。

通常送禮物的人都會期待看到對方收到禮物時會有什麼反應，可是幾乎沒有人會事先通知對方，然後再送出禮物。就收禮者的立場而言，他們是沒有心理準備的。當人在沒有心理準備的情況下，就會顯露出本身的基本素質，也就是所謂的本性。所以在接受禮物時，往往也可以確認對方對待我們的基本態度。

因此，會在收下禮物時說出那些話的人，基本素質方面本身就沒有那麼好。他們並不好奇這個禮物是歷經了哪些過程才來到自己手上，所以會表現出無動於衷的反應。當然遇到這樣的人時，下次我們可能就不會想要再送禮物給他了。

如果真的那麼不喜歡收到禮物，那麼可以繼續保持這種態度沒關係。但假如不是，即使對突如其來的禮物感到困惑，還是依然想表達出感激之情的話，那麼就應該有意識地努力並試著表達出這份心意。

有人可能會為這些人辯護，說他們只是因為不好意思才會如此。「不好意思」這個詞很難翻譯成其他語言。查韓國國語辭典，「不好意思」是指「行為或樣子不自然，有可笑和無聊之處」。這個解釋有點複雜對吧？這就是所謂韓國式的複雜情緒（韓語裡真的有許多難以翻譯成其他語言的複雜情緒）。如果在韓英字典中查閱「不好意思」這個詞，會看

到「shy（害羞）、embarrassed（尷尬）」的說明，中間用頓號區隔開來。將這些情緒混合在一起，就是「不好意思」的感覺。

假如對方真的是因為不好意思而有那樣的反應，有個好方法可以確認。只要在送完禮後，反問對方：「這份禮物沒有讓你覺得不開心吧？」或是「這份禮物會不會用不上？」這樣想必對方就會愉快又明確地回答：「不會，我很喜歡。」、「不會，我覺得這個我用得上。」

高永健教授長期研究人在收禮時的態度，他認為「全韓國最懂得接受禮物的第一名」，是已故的宋海老師。宋海老師在主持《全國歌唱大賽》（전국노래자랑）時，真的有很多人送給宋海老師大大小小的禮物。從來沒有見過像他一樣的人，即使是從小孩子那裡收到幾根玉米、一兩根地瓜也能如此開心。

如果連收到一個初次見面的小孩送的禮物都能讓他這麼高興，按照我們剛才說明的內容，這表示宋海老師用了很多的心力關心對方。怎麼知道這一點呢？因為宋海老師會對送禮物的人是從哪裡來的、怎麼來的，以及花了多久時間帶這些禮物過來等這些過程感到好奇。所以，當有人送我們禮物時，比起知道禮物是什麼東西，更應該詢問過程：「你是在

哪裡買的呢？」、「你怎麼帶過來的？」、「拿來的過程辛不辛苦？」

「你為什麼要買這個？」這句話想必也是許多父母常說的經典台詞吧？送禮的人聽到這樣的話可能會覺得：「我下次再也不買了。」不過父母之所以這樣說，是因為他們知道我們為了買禮物付出了多少辛苦。這句話呈現的是父母的擔心。

然而，假如不是像和父母之間這樣特殊的關係，即使心裡有這樣的想法，對方也很難理解。因此無論禮物的大小，只要有人送我們禮物時，就應該表示感謝，並對送禮物的過程感到好奇。在詢問和表達好奇的過程中，我們也會更喜歡並珍惜收到的禮物。

Q. 我問：「要幫您裝進袋子裡嗎？」對方卻回答：「不然你要我用手拿著走嗎？」或是客人點了一杯美式咖啡，我問：「您要熱的還是冷的呢？」對方卻反問：「這麼冷的天氣當然是喝熱的，喝冷的幹嘛？」總是有喜歡這樣說話的人，他們到底為什麼要這麼說呢？

　　在回答這個問題之前，必須先說明一個前提：就是聽到這些回答的人並不會感到愉快。事實上，喜劇和悲劇只有一線之隔，我自己也曾經說過類似的話。有次在咖啡廳打工的店員問我：「您要熱的還是冷的呢？」我回答說：「現在外面零下十二度。」然後我們都忍不住笑了。其實是因為那位店員先認出我來，才會問那個問題表示歡迎我，而我也才會開那樣的玩笑。

　　對話的時候，有時直接表達會比較好，有時候反而用委婉表達更合適。依據不同的對話情境，適度轉換直話直說或婉轉表達，通常說話太直接容易顯得沒有禮貌。問題中提到的人也是因為講話過於直接，才讓聽的人覺得不舒服並認為對方沒什麼禮貌。

不過這些人很有可能是不懂得如何婉轉表達的人。有研究探討，這些不會委婉表達的人是具備什麼樣特質的人。委婉表達就是所謂的隱喻法。我們常見的隱喻（metaphor）例子就像是「眼睛是靈魂之窗」這樣的話。不擅長這種委婉表達方式的人，不懂得怎麼使用隱喻式的幽默，換句話說，就是完全沒有用過隱喻的經驗。那麼當然也就不可能透過較為婉轉的方式來和別人交談了。

　　像這樣不知道怎麼使用間接表達法，或是在應該婉轉表達的情況下依然直話直說，讓身邊的人感到困擾的人，還有另外一個特點，就是脾氣不好。「要幫您裝進袋子裡嗎？」有人這樣問的時候，一個不會讓彼此覺得不舒服的回答是「是的，我拿在手上有點不方便。」或是「是的，今天天氣不錯，我需要你幫我裝起來。」但是這樣的回答需要花點心思，也就是表達時需要有誠意。其實就算沒有這種誠意，直接說「好」也可以解決問題。可是這些人卻心懷怒氣地說：「不然你要我用手拿著走嗎？」這是因為他們只要稍微一碰就準備爆發了。

　　面對這樣的人就沒必要再刺激他們、讓他們生氣了對吧？不過從事服務業的人需要履行自己的職責，有時候不得不再次提問。在這種情況下別再給他們選擇，就是不要問出

「您要熱的還是冷的呢？」這種機率一半一半的問題，而是應該直接告訴他們大多數人是怎麼做的，讓對方自己做出決定。像是下列的例子：

「今天天氣很冷，大多數的客人都選擇喝熱的，您想喝哪一種呢？」

「這個商品大部分的人不需要包裝，需要幫您另外裝起來嗎？」

當我們告訴一個準備發火的人：「其他人都是這麼做的。」他們就不太會用無理取鬧的方式對無辜的人發洩他們的怒氣。

萬一已經這麼做了，對方卻還是繼續生氣該怎麼辦？那麼這個人就是個奇怪的人。這種時候，我們不如想著：「居然有人對生氣這麼勤勞，我也要更努力生活才行。」這樣對我們的心理健康更有益處。沒必要去理解這種人，因為他們就是糟糕的人。

心理學家也試圖運用各種專業理論和概念來理解這些人的心理成因，結果反而給了他們可以開脫的藉口和正當性。這時候其他同行的心理學家就會說：「算了，別想了。他就是個糟糕的人。」並阻止大家更進一步地去分析。

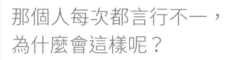

那個人每次都言行不一，
為什麼會這樣呢？

Q.有些人會上傳一張腹肌照片到社群媒體上，卻寫自己是「豬」；或是上傳一張拍得很好看的照片，卻寫上「自拍照騙」，這是為什麼呢？我對他們上傳這種貼文的心理原因感到好奇。

　　我也覺得很神奇，於是我試著找出這些人的心理到底是處於什麼樣的狀態，我也問了國內外許多心理學家的意見。出乎意料的是，結論都指向了同一個方向。簡單來說，他們想要表現出自己能夠達到這樣的成果，並沒有經過特別的努力或艱難的過程。

　　要實際鍛鍊出腹肌有多麼難呢？我也曾經試著鍛鍊了兩年，最後得到的結論是「我不可能做到」。要拍出一張好看的照片容易嗎？都已經做到那種程度還寫上「豬」、「自拍照騙」（「自拍」和「騙子」的合成詞）這些詞語，他們想

要傳達就是：「我並沒有特別為此付出很多的努力或功夫，我本來就是這樣的人。」每個人學生時期都有這樣的朋友吧？天天熬夜念書、拿到好成績之後，卻說：「我根本沒什麼念書就得了滿分」。

人本來就有向別人展示自己天生的才能、或憑藉自己的能力獲得好結果的這種欲望。換句話說，他們喜歡因為天賦而受到稱讚。要是那樣的成果需要付出許多的努力才能做到，那就等於承認自己之前的狀態並不好。假如說：「我努力練出了這些腹肌。」他們就會擔心別人覺得：「他之前的肚子一定很大，很難看。」

芝加哥大學心理學系教授奚愷元（Christopher Hsee）介紹了一種以知名品牌名稱命名的現象，稱為「Prada 效應」（Prada Premium）[1]，和這種情況有些關連。一般人看到自己的主管如果因為努力工作、賺錢買了 Prada 的產品，會覺得這是一件很平常的事。可是假如主管是某天突然有一筆錢買下 Prada 的產品，人們就會不怎麼喜歡。然而，那位主管的想法卻正好相反，他會誤以為不靠努力工作賺來的錢、而是突然拿一筆錢買下 Prada 產品會顯得自己更酷，人們也會更喜歡自己。

---

1 譯注：此現象僅在本書被提及，英文、韓文、中文資料皆然。

在這個例子中，腹肌就相當於一種 Prada 產品。上傳腹肌照片的人會覺得：「這樣人們都會喜歡我。」但透過奚愷元教授的研究我們可以知道，就連「拚命努力才有的腹肌」人們也未必會喜歡了，更不用說是在沒有付出努力的情況下做到的。這樣反而會讓人產生反感而不是好感，甚至認為他們很虛偽、或是一個騙子。

如果我們必須、或是想要回覆這樣的貼文，這時我們有兩種選擇。假如發文的人是我們喜歡的朋友，可以問他：「我也想要擁有這樣的腹肌，應該要做什麼運動呢？」、「我也想拍出像你這麼漂亮的照片，我應該要怎麼做呢？」之類的問題。這個方式既親切，又不會太過冷淡，同時可以告訴對方：「我也想成為像你這樣的人，所以我想知道你付出了多少努力、經歷了什麼過程。」這樣一來，對方就會意識到需要適度展示自己的努力，並且能夠以更好的形象回答。

萬一我們和發文的人關係並不是非常親近、彼此也沒有什麼好感，可是依然必須留下回覆的話，我們就可以用比較生硬的方式詢問：「練出這樣的腹肌需要多久的時間？」、「要拍多少次才能拍出這樣的照片？」這種詢問的方式是明白地告訴對方，我們已經看穿了對方的真實底細。當然，這種方法只適用於不那麼重要的關係，甚至是那些有點討厭的人身上。

Q. 有些人犯錯之後道歉，卻又一直重複犯同樣的錯並再次道歉，他們不斷重複這個循環的原因是什麼呢？那些持續犯同樣的錯並道歉，卻從不改正的人，我很好奇這些人的心理狀態。

「我錯了，我下次不會再這樣了。如果再犯我就不是人。」大家有沒有聽過這樣的話呢？犯了錯、說了對不起，之後卻又再犯同樣的錯，這是因為他們並沒有把錯誤牢記在心。重複犯下相同的錯誤，表示沒有做好「復盤」。復盤是指圍棋對弈結束後，按照原來的順序重新下一次棋的過程。有沒有進行復盤、以及復盤做得好不好，甚至可以決定一個人是否能成為圍棋高手。復盤就是這麼重要。

我們面對某些情況時，會從記憶中提取之前遭遇過的類似情境。那些重複犯錯的人不記得自己曾經反省過的結果，只記得自己過去犯錯的行為，所以當相同情況再次發生時，他們只會提取這段記憶、再次犯同樣的錯。

而他們之所以不記得自己曾經反省過的結果，是因為他們沒有採取明確的後續措施。舉例來說，假如有人提交文件時忘記加入某個重要內容，告訴他「下次一定要加入」，比

不上「現在立刻加入，然後再重新提交一次」這樣的後續措施來得有效。這樣，才能讓那個人記住自己的後續行動。

道歉不是「行為的結果」，而是「對未來的承諾」。因此，要是我們想改變那個人的話，就應該讓他立刻執行那個承諾，哪怕是再小的事情都要這麼做。不要讓他停留在只是說「我很抱歉，我下次不會再這樣了」的階段，應該要告訴他：「現在修正吧！」並採取後續措施，讓他記得接下來採取的行動。

說對不起這樣的道歉，不容易深刻地印在我們的大腦中，因為人會記住的是自己的行動。這就是為什麼必須讓他做出後續行動的原因，如此一來，才能防止他重複犯同樣的錯。

不過「我下次再也不喝酒了」或是「以後我會保持聯絡的」之類的承諾，很難立即採取後續措施。繼續細想的話，會發現這些承諾幾乎是不可能實現的。在這種情況下，比起設立一個遙不可及的理想目標，更需要的是制訂具體一點的規則。例如制訂「以後星期五晚上我都不會喝酒」、或是「最晚到八點，我下班之後一定會保持聯絡」這種有附加條件的規則。

然而，在意志力薄弱的情況下，可能連這樣的承諾也很難遵守。如果認為對方在執行後續措施上有困難的話，換成「喝酒之前一定要先聯絡我」、「因為工作無法接電話的話，要提前讓我知道」這種預防措施，也不失為一個好方法。

　　對於那些不斷違背承諾的人，不能讓他們產生任何結束的感覺。如果他已經按照規則在喝酒前打電話聯絡了，那麼接下來這個人就會準備好要享受他的喝酒時光，因為他覺得自己已經完成了該做的事。這時不能告訴他們：「既然你已經聯絡了，現在就好好享受吧！」讓他們產生結束的感覺，而是要告訴他們：「每次換地方的時候都要發個簡訊給我。」如此引導他們進行下一個步驟。

　　成年人要改變另一個成年人的行為絕非易事。為了防止對方重複犯同樣的錯誤，我們需要持續努力，把改變拆解成更具體、而且容易執行的小步驟。

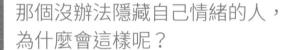

那個沒辦法隱藏自己情緒的人，
為什麼會這樣呢？

Q. 公司裡有一個員工，總是散發出「我很生氣」的氛圍，讓周圍的人都變得小心翼翼。如果對公司有什麼不滿，應該直接說出來才對。由於工作需要，我必須一直跟他待在一起，這真的讓我覺得很疲憊。有沒有好的方法可以解決這個問題呢？事實上，我本身也是一個個性敏感的人，急躁的情緒很容易突然湧上來，這讓我更加困擾。

那些一定要讓周圍的人都知道自己心情不好，內心才能舒暢的人，他們的心理狀態究竟如何呢？其實這樣的人會一直提心吊膽，深怕別人不知道自己心情不好。他們希望別人可以注意到自己的情緒並幫忙解開，或是讓別人有所察覺並因此感到害怕，這樣大家就會按照自己的心意來做事，所以才會故意顯露自己的情緒。有時候，他們甚至會拜託別人買一些好吃的東西回來，幫忙解開自己的心情。換句話說，他

們這麼做的目的可能有數百種。

當然，如果認為自己可能會因為生氣而被公司開除的話，他們絕對不會那麼做。不過，一般公司都沒辦法將這部分正式納入懲處的範疇。於是，他們就會覺得表現出自己的情緒並不會對自己帶來不好的影響，因此他們會試圖讓所有人知道自己的情緒，藉此用對自己有利的方式來控制局面。

那麼，有什麼方法可以約束那些總是散發出生氣氛圍的人呢？就是用同樣明顯的方式表達，讓對方知道我們已經察覺他生氣了。要是能夠直接告訴對方：「你一直提心吊膽，怕我們不知道你生氣吧？」就好了，但這是不可能的。在這種情況下，最適合的回應就是「你看起來好累」。

我在國外留學的時候，曾經遇到一個非常容易表現出自己生氣或不悅的研究生。指導教授最常對他說的一句話就是："You look tired."（你看起來好累）。又不是同事關係，如果連指導教授都能感覺到的話，那他肯定不是普通的慣犯。然而令人驚訝的是，那位同學聽到這句話之後，彷彿突然醒悟過來一樣，表現出跟之前截然不同的態度。「你看起來好累」，這句話實際上就像是在告訴他：「你看起來似乎用了很多能量。」同時也等於是委婉、間接地傳達出「我們知道你已經盡力了，所以做到這裡就可以了」的訊息。

最有效的方法，就是在那個人除了生氣什麼也不做的時候，對他說：「你看起來真的好累。」他都沒有做事，哪裡來的疲憊呢？儘管如此，其實這句話就等於是在對他說：「你沒有做事，卻為了生氣耗費了那麼多能量。」那麼，對方就會覺得自己的心思像是被看穿了一樣感到慌亂，接下來就很難再像過去一樣，隨意顯露出自己的情緒了。

Q. 我的直屬主管非常討厭部長的行為和說話方式。雖然他那麼討厭部長的舉止，但實際上，他對待我這個下屬的方式卻跟部長一模一樣。我真的很好奇這位主管的心理狀態。

事實上，這種情況不僅會出現在職場上，在家庭當中也經常可以看到。人到底為什麼會一邊覺得討厭，又一邊模仿自己討厭的長輩的行為呢？

在認知心理學中，經常使用「活化」（activation）和「抑制」（inhibition）這些詞。研究發現，某人做出我們討厭的行為時就會出現「活化」現象。從心理學角度來看，由於我們曾經活化過那種行為，所以當我們變得激動的時候，我們之前很討厭的行為和思考也會自動跟著活化。再加上人一旦激動的話，就會容易陷入難以自我控制的狀態對吧？於是活化和激動相加，便讓我們在無意識中模仿了討厭長輩的行為。

如果這麼說，有人可能會表示：「我不是在模仿討厭主管的行為，要是我沒有像這樣發脾氣的話，就沒辦法控制情況、解決問題。」不過絕對不是這樣。明明也有不需要發脾氣就解決問題的經驗，而且有時發脾氣反而會讓事情變得更糟，只不過人沒有記住那些而已。

韓國有句俗話是「說老虎，老虎到」。現在不妨試著大聲喊一下「老虎」。老虎沒有出現吧？這種事情我們並不會記在腦海中。

但是萬一我們剛好在談論老虎，而突然間老虎出現了，就會留下非常鮮明又震撼的印象，所以當然會記得很清楚。為了讓大家更容易理解，我們來看一張圖表。

	結果○	結果✕
行為○	A	B
行為✕	C	D

↓

	出現老虎	結果✕
提到「老虎」的時候		B
行為✕	C	D

人做出某種行為，並且有相對應的結果，就是屬於 A 的情況。一般只有在 A 的情況下，我們才會記住這句話。做出了行為卻沒有結果、沒有做出行為也沒有結果，或是沒有做出行為卻有結果，除了 A 以外的所有情況，我們通常都不會記得。前面提到的情況，就是只記得「我沒有那麼做的話，問題無法解決」的 A。這和相信「迷信」的情況非常類似，大部分的迷信也是藉由這種過程形成的。

　　相反地，我們為什麼不太能記得冷靜交談就解決許多問題的情況呢？這是因為我們覺得自己「什麼也沒有做」。在這種情況下，我們就需要改變思考方式。也就是說，不應該想著「我沒有做出那種行為」，而是要記住自己採取了冷靜談話的「其他行為」。人不會記得自己沒有做過的行動，即使只是想法上認為自己沒有行動，同樣也都不會記得。

　　我們都知道，糖尿病患者不應該吃甜食。可是當我們一直想著自己不該做什麼的時候，常常會不自覺地做出那個行為，等到自己發現時才大感吃驚。所以不要想著「我不能吃甜食」，而是要想著「我要調整飲食」，必須去掉「不」（not）這個字，這樣大腦才能夠記住。

　　如果我們發現自己開始變得像那些討人厭的主管一樣，並對此感到自責、或困惑「我為什麼會這樣？」時，不要想

著「我不應該這麼做」，而是要表現出「我應該要做出其他行動」的態度，藉此記得這一點。假如我們討厭主管看完報告之後的說粗話罵人，不想變得跟他一樣的話，這時就不能想著「我好討厭他這麼做」，而應該想得更加具體並下定決心：「即使底下員工交來的報告讓我不滿意，我也絕對不能隨便亂罵人。」

那麼，面對那位說討厭部長，卻又模仿部長行為的主管，我們該如何應對呢？要是我們告訴他：「主管，您現在發脾氣的樣子就跟部長一模一樣。」主管八成會回答：「現在和那時候的狀況不一樣。」甚至可能變得更加生氣。所以，如果真的想對主管提到這件事，就應該等到事情平息、主管不再生氣的時候，單獨提到那位有問題的部長。「您還記得以前部長大發雷霆的情形嗎？他都沒有給我們一個合理的解釋就一直發飆，那時候的我們真的很辛苦。」

只把話說到這裡，主管就不會認為我們在說他，因此他也不會覺得自己需要尋找方法來逃避。但他心裡可能會想：「為什麼現在要跟我聊到這個呢？難道我也這麼做了嗎？」我們需要做的，就是提醒他想起部長不受大家歡迎的行為，只做到這裡才是最有效的。

那個人真的很沒有禮貌，
為什麼會這樣呢？

Q. 禮貌明明是存在的，但是這個標準對於每個人而言都不同。所以某個行為或許對一些人來說是可以接受的，然而對另一些人來說卻無法接受，要適應每個人真的好困難。我很好奇真正的禮貌到底是什麼。

　　相信很多人都會對這個問題產生共鳴，真正的禮貌是什麼似乎比「正義是什麼」這個問題還要困難。事實上，很難從心理學定義禮貌是什麼，而無法定義也就表示通常每個人的標準都不同。不過我認為，心理學或許可以討論的是如何避免冒犯他人。

　　在這世上，按照自己的標準做事時，最容易招致非議的兩件事就是禮貌和玩笑。假設我在我任職的大學校長面前大喊「校長！」，然後等他轉過頭來就用手指戳他的臉頰開玩笑的話，那我肯定是瘋了。但如果換成我在家裡和我的二女

兒開這個玩笑，就不會有什麼問題。玩笑和禮貌絕對是由我們和對方之間的情況，以及情境脈絡來決定的。

　　「情況」給人的感覺比較偏重於外在物理層面，就像是現在是白天還是夜晚一樣。相對地，「脈絡」給人的感受則比較偏重於意義層面，例如我們晚上十點有個酒席的約，那麼「晚上十點」這個物理情況，和「酒席」這個意義上的脈絡結合在一起時，就能猜想到那是一個可以容許開玩笑的氛圍。不過要是都沒有考慮這些情況和脈絡，到哪裡都做出同樣行為的話，無論是誰，都一定會被認為是一個沒有禮貌的人。

　　也就是說，什麼才是合乎禮貌的行為會隨著情況有所不同，最終還是需要看懂當下的氣氛。萬一完全無法掌握脈絡，那麼當然會一直無法了解情況，表現得沒有禮貌。假如自己沒辦法根據情況做出有禮貌的舉止，就需要主動透過氣氛去判斷「這是不對的」。

　　最近公布了一項跟禮貌有關的有趣調查結果。被問到：「你認為自己是有禮貌的人嗎？」回答「是」的有 48%，回答「不是」的只有 7.7%。不過當被問到：「你認為別人也很有禮貌嗎？」回答「是」的人數比例驟降到 28%。這表示有很多人認為「我很有禮貌，別人沒有禮貌」。為什麼

會這樣呢？

其實，有禮是一種證明我們是高等動物和高等生命體的證據。在整個地球上，人類是絕無僅有的存在。大部分的動物只會做出對生存和繁殖有必要的行為，然而，人類卻需要根據不同的情況和脈絡，也就是要考量到對方而做出不同的思考和行動。因此，過於自我中心、沒有考量到周遭環境的人，會給人一種沒有禮貌的感覺。但這時候，判斷自己是不是沒有禮貌的標準是我自己，而且由於我們和其他人的標準可能大不相同，所以在評價其他人的行為時，都會比評價自己更加嚴苛。

實際上，有禮貌的行為標準也會隨著每個文化有所不同，各個世代之間的差異也非常大。我經常到各個公司舉辦講座活動，我到現場聽了大家的回覆之後發現真的很不一樣，甚至會覺得「真的可以這麼做嗎？」的地步。有什麼行為是二三十歲的員工覺得很沒有禮貌，但是四五十歲的主管們普遍都會做的呢？就是在茶水間刷牙。把這件事告訴四五十歲的主管時，他們感到驚訝並疑惑這有什麼好奇怪的。

另一方面，也有二三十歲的人做得很自然，四五十歲的主管卻覺得沒有禮貌的行為，那就是在開會的時候翹腳。讀

到這裡，可能會有人想：「這有什麼問題？」不過其實我有時候也會覺得看到別人這麼做不太舒服。就像這樣，我們並不清楚彼此認為什麼才是禮貌。

因此我們在評價某人的行為「有禮貌、沒禮貌」之前，需要先暫停自己說的話和做的事，然後冷靜地觀察對方的行為。如此一來我們才能理解對方為什麼會那麼做。完全不花時間觀察其他人的人，往往會覺得別人很沒有禮貌。但問題是，這麼做的結果，往往會反過來讓自己也變得沒有禮貌。

如果我們優先考慮其他人的情況，而不是只從自己的角度出發，就可以減少我們自己沒有禮貌的行為，以及覺得對方沒有禮貌而心生不快的機會。凡事都取決於我們的心態，這點也非常符合認知心理學的觀點。

我在講座和廣播中常常提到關於他人心理的一點，就是：「在評價別人的行為之前，讓我們先檢視一下自己的行為吧！」發生衝突、遇到難處的原因不會一直都出在對方身上，因此我們回頭檢視自己的態度是很重要的。

那我們應該要如何觀察出部長覺得有禮貌的行為呢？當部長見到地位比自己高的人、也就是總經理時，他的表現就是答案。部長在總經理面前會做的事和絕對不會做的事，不

正是他希望我們在他面前表現的行為嗎？因此，想了解一個
比自己年紀大或地位高的人會要求我們具備什麼樣的禮貌，
最好的方法就是觀察他們在需要表現出禮貌的情況下怎麼
做。

　　他人的心理真的很難理解，不過現在各位稍微明白一
點了嗎？很有趣的是，我太太覺得世界上最難理解的人就是
我，而我的兩個女兒覺得世界上最難理解的人就是她們的姊
姊和妹妹。正因為彼此常常見面和交流，所以反而更難理解
對方。因為我們和對方在大多數的情況下都是不同的。

　　心理學長期研究的也正是這種個體差異。每個人真的都
很不一樣。儘管我們可能認為東方人和西方人之間的差異更
大，但大部分的研究結果顯示，實際上東方人內部的差異和
西方人內部的差異，絕對要大得多。

　　正因為不同，我們才是人類。所以，希望我們在學習
如何讀懂他人心理的過程中，都能夠把這段時間當成一個契
機，試著從對方的角度出發而非自己的立場，再一次深入地
洞察對方的內心。

Life 07

認知心理學家教你讀懂他人的心理
解碼生活、職場中的 21 個人際問題

作　　　　者　金景一、智人工作室
譯　　　　者　彭翊鈞

編　　　　輯　魏珮丞
美 術 設 計　謝彥如
總　編　輯　魏珮丞

出　　　　版　新樂園出版／遠足文化事業股份有限公司
發　　　　行　遠足文化事業股份有限公司（讀書共和國集團）
地　　　　址　231 新北市新店區民權路 108-2 號 9 樓
郵 撥 帳 號　19504465 遠足文化事業股份有限公司
電　　　　話　(02) 2218-1417
信　　　　箱　nutopia@bookrep.com.tw

法 律 顧 問　華洋法律事務所　蘇文生律師
印　　　　製　呈靖印刷
出 版 日 期　2024 年 5 月 29 日初版一刷
定　　　　價　450 元
I　S　B　N　978-626-98075-8-1
書　　　　號　1XLE0007

國家圖書館出版品預行編目 (CIP) 資料

認知心理學家教你看懂他人的心理：解碼生活、職場
中的 21 個人際問題 / 金景一，智人工作室著；彭翊鈞
譯 . -- 初版 . -- 新北市：新樂園出版，遠足文化事業股
份有限公司 , 2024.06
　　288 面；　14.8x21 公分 . -- (Life；7)
譯自：타인의 마음
ISBN 978-626-98075-8-1(平裝)

1.CST: 人際關係 2.CST: 心理學

177.3　　　　　　　　　　　　　　　　113005194